アイドルメイクの神が教える

天才的にかわいく盛れる! アイドルメイクの教科書

ヘアメイクアップアーティスト
夢月

textbook of Idol make

PROLOGUE

最初からキレイに整えられたケーキの上に
いちごをのせるだけではなく、
素材選びからスポンジの焼き加減、
生クリームの配合まで

こだわった
ショートケーキの
ようなメイクが

私は好きです。

この本で紹介するのは
細かすぎるほどこだわり抜いたプロセスによる、

最強に盛れるアイドルメイク。

正直、「簡単に取り入れることができる！」
とは言えません。
こだわり抜いたショートケーキと一緒で
一朝一夕にはいかないから。

textbook of Idol make PROLOGUE

けれど、この本を手に取り

読み込んでくださるあなたを

絶対にかわいくする

ノウハウが詰まっています。

PROLOGUE

textbook of idol make

PROLOGUE

「今日はこのプロセスだけ取り入れよう」

「メイクを落とす前に
アイラインの描き方を練習しよう」

毎日に少しずつ
溶け込ませてみてください。

一緒にアイドルメイクを楽しみましょう♡

ヘアメイクアップアーティスト

夢月

Erii Chiba

Before

スキンケアのみ

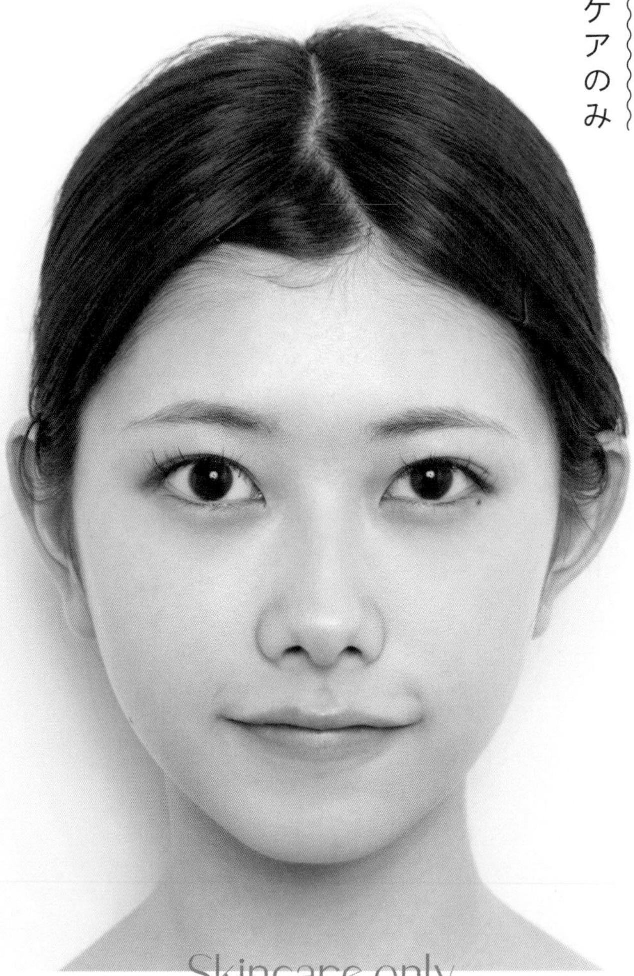

Skincare only

IDOL make

あとでこんなに変わる！

を引き出しましょう♡

After

IDOL make

＼みんなの／

アイドルだってメイクの前と

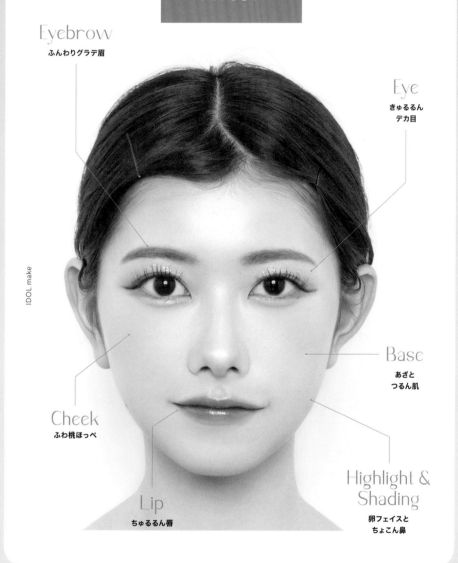

いちばんかわいい

天才的にかわいく盛れる
アイドルメイクの教科書

Contents

Contents

Contents

“完全無欠のすきのないかわいさ”を
つくることができるのが
基本のアイドルメイクです。

顔の輪郭やパーツの大小など、
顔タイプはそれぞれ違うものですが、
これは人を選ぶメイクではありません。
自分史上一番のかわいさを
手に入れられます。

Chapter 1

基本の
アイドルメイク

360度
かわいい

BASIC IDOL MAKE

基本のアイドルメイク

3つのルール

ステージで歌って踊るアイドルは、ステージ下から見られることが多いもの。
“カメコ（＝カメラ小僧の略）席”から望遠の一眼レフカメラを
構えるファンたちに下からあおられるように撮られたり、
モニターに映る自分の姿は膨張して見えたりもします。
どんな状況でも、360度どこから見ても
かわいいをキープするには、
まず3つのルールを押さえて！

Rule 1 絶対にくずれない鉄壁の肌

基本のアイドルメイクはくずれない土台づくりが重要です。強い照明やダンスで汗や皮脂が気になるもの。
くずれない鉄壁の肌は4種の下地と2種のファンデーション、コンシーラー、パウダーなどで仕上げます。

Rule 2 遠くからでもキラキラ輝く目元

アイドルが遠くからでもかわいく見えるのは、アイメイクに秘密あり。
アイシャドウで陰影をつくったり、涙袋をしっかり入れたり、
マスカラやアイライナーで目を大きく見せたりしていきます。目力UPで写真映えは間違いなし。
光を集める部分にグリッターをのせて立体感を演出。目元をキラキラ輝かせる効果もあります。

Rule 3 濃いメイクでも統一感あり

アイドルならではのかわいらしさやあどけなさを演出するため、メイク全体のトーンを合わせて、
メイクが濃く見えないワザも使っていきます。
工程は多いのですが、使うカラーは主にピンクで統一。
なじむようにグラデーションをつくり込むので、ケバく見えることはありません。

STEP 1

BASE
ベース

＼完全無敵でくずれない／

あざとつるん肌

大切なのは、しっかりした下地づくりで潤いのある素肌感をつくりあげ、
ファンデーションで立体感を演出することです。
最初に潤い下地を塗り、潤いパープル×キラキラプライマーで透明感とラメを肌に仕込み、
色ムラをカバーするためにベージュ系カラーの下地を重ねます。
下地だけで４種類も使います。
それから、陶器のようなつるんとした肌になるファンデーションを全体に薄く塗り、
鼻筋やほお骨など顔の高い位置に白系カラーのファンデーションをON。
コンシーラーとパウダーをのせていくと、
光を味方につけたツヤ感のある潤い肌ができあがります。
基本のアイドルメイクの“モチ”を左右すると言えるほど、肌の土台づくりは大切です。
どこかの工程を省略することがないように！

♡POINT 1♡

しっかりと潤いを仕込む

下地だけでも４種類を使いますが、肌が乾燥してくるとメイクがくずれやすくなります。ベースの段階で、意識的にしっかりと潤いを仕込んでいきましょう。オイリー肌の人も下地をしっかり仕込むことで、テカリを抑えられます。

♡POINT 2♡

肌のトーンを明るくつくる

このメイクでチークやリップなどは特に明るい色を使います。ベースとなる肌のトーン自体も明るくすることで、顔のパーツのどこかが浮くことなく、自然で血色のいい健康的な肌を演出できます。

STEP 1
BASE

あざとつるん肌

完全プロセス 11

- リップクリーム
- 下地
- ファンデーション
- コンシーラー
- パウダー
- コンシーラー
- パウダー

1
リップクリームをなじませる

保湿効果が高いリップクリームを綿棒で唇になじませる。最初に塗っておくと、メイクをしている間に唇に潤いが浸透し、リップのノリがよくなる。

USE IT

ラネージュ リップスリーピングマスク ミントチョコ／私物　保湿力が抜群で唇の皮がむけやすい人にオススメ。フレッシュで甘いミントチョコの香り。

2

潤い下地を顔全体に塗る

潤い下地を指で全体にのばしてから、スポンジで肌にやさしくなじませていく。このあとも基本的に、指やブラシでのせてからスポンジでなじませるという流れで進める。

USE IT

ミシャ グロウ スキンバーム 50ml 2,200円／ミシャジャパン 下地が入った生ツヤ肌クリーム。長時間なめらか肌をキープ。

マツモトキヨシ BEAUTY MAKE－UP SPONGEハウス型／私物 やわらかなラバースポンジ。面や角、厚みと弾力で、ベースメイクをムラなく仕上げる。

3

まぶたにアイプライマーON

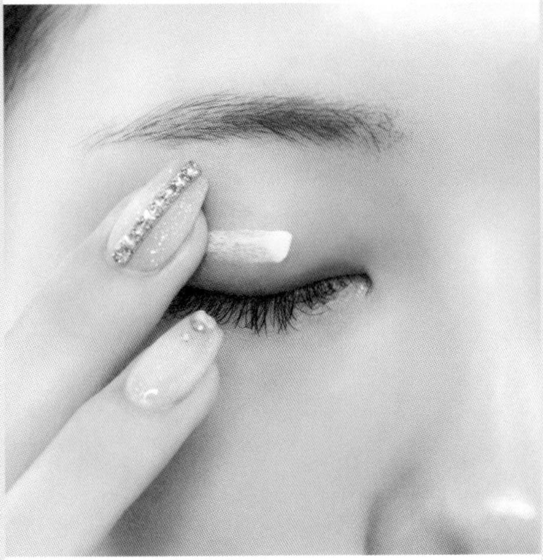

上下のまぶた全体にアイプライマーを塗る。目尻も忘れずにしっかりとスポンジでなじませていく。

USE IT

NARS スマッジプルーフ アイシャドーベース 3,410円／NARS JAPAN 目元用のプライマー。アイシャドウを密着させ、鮮やかな発色、つけたての美しさをキープ。

マツモトキヨシ BEAUTY MAKE－UP SPONGEハウス型／私物

4

潤いパープル×
キラキラプライマー

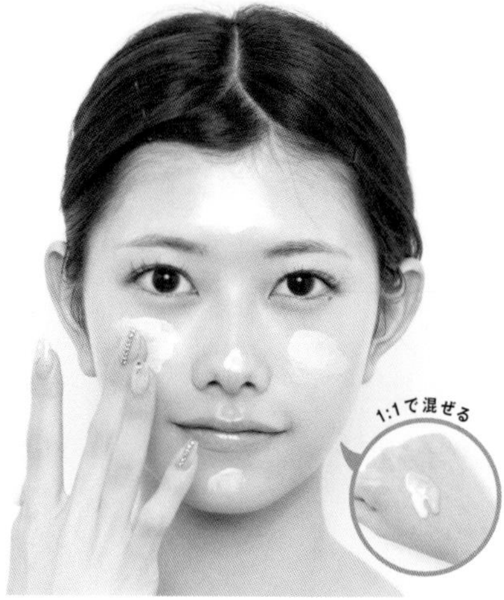

透明感のある華やかな肌になるよう土台を仕込む。まずはパープルと細かなラメの2つのプライマーを1：1の割合で手の甲で混ぜる。顔の内側からスポンジを使って広げていく。

USE IT

イルミネイティング セラムプライマー 02 aurora lavender 30mL 3,520円／ジルスチュアート ビューティ ラベンダーパールやダイヤモンドパウダー配合で、透明感のある明るい肌に仕上がる。

マツモトキヨシ BEAUTY MAKE－UP SPONGEハウス型／私物

VDL ルミレイヤープライマー 30ml 2,860円／エフエムジー＆ミッション くすんだ顔色にツヤを与え、メリハリのある立体的なフェイスラインを実現。

5

肌色を整える
下地を塗る

赤みや色ムラが気になる部分を中心に下地を塗っていく。くずれやすい人は、ここで皮脂防止系の下地を使うのが◎。あまり気になる部分がない人は、広く薄く塗って。

USE IT

インテンシブ セラム ラディアンス プライマー SPF 25 PA++ 40ml 7,150円／ボビイ ブラウン ナチュラルなトーンアップとスキンケア効果で、フレッシュで健康的な明るい肌印象をかなえる。

マツモトキヨシ BEAUTY MAKE－UP SPONGEハウス型／私物

6

陶器肌 ファンデーションON

陶器のように透き通った肌になるファンデーションをブラシでのせて広げていき、スポンジでなじませる。目周りや鼻の下なども忘れずに。

USE IT

デザイナー リフト ファンデーション #1.5 SPF20 PA+++ 30ml 9,790円／アルマーニ ビューティ ツヤとカバーを両立し、くすみのない美しい肌に仕上げるリキッドファンデーション。

#190 ファンデーション ブラシ 6,930円／M・A・C リキッドやクリームのファンデーションをムラなく自然に仕上げるブラシ。コシのある合成毛使用。

マツモトキヨシ BEAUTY MAKE－UP SPONGEハウス型／私物

7

白系ファンデーションを高い位置に

ブラシで鼻筋やほおなど高い部分に明るい色のファンデーションをのせる。ファンデーションでも立体感をつくっておく。

USE IT

Courcelles リキッドファンデーション 30ml（ポンピング型）ホワイトピンク100号／私物 軽いつけ心地と高いカバー力のリキッドファンデーション。明るくさわやかな肌を表現するホワイトピンクカラー。

ebony16 1,080円／アンシブラシ 「万能アラ隠しコンシーラーブラシ」。アーチ形の先端がクマ、ニキビ、シミなどの肌の悩みに密着してしっかりカバー。

8

くすみ隠し
コンシーラー

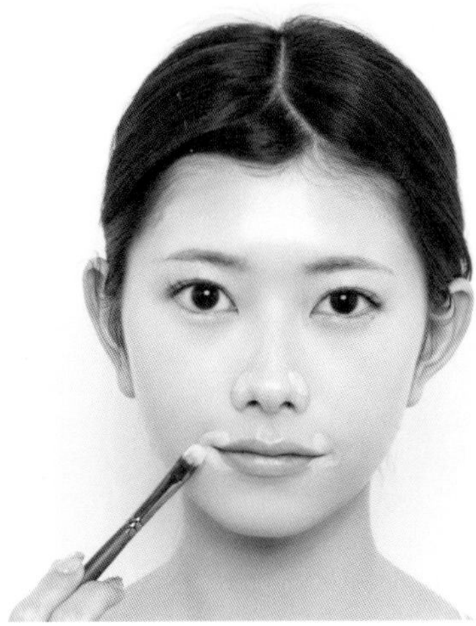

透明感をそこなわない質感のコンシーラーで、色ムラが気になる部分を整える。特にくすみやすい小鼻や口角を中心に整えていく。

USE IT

プリズム・リーブル・スキンケアリング・コンシーラー N80　4,620円／パルファム ジバンシイ［LVMHフレグランスブランズ］　光のプリズムを再現するように透明感あふれる明るさをもたらし、ケアしながら肌悩みをカバー。

ebony16　1,080円／アンシブラシ

9

パウダーで
毛穴を埋める

粒子の細かいパウダーを大きなブラシにつけて、肌をなでるように下から上に動かす。下から上にパウダーをつけることで、下に向かって開いている毛穴を効果的に埋められる。

USE IT

ウルトラHDルースパウダー　5,280円／メイクアップフォーエバー　テレビや映画など4K映像対応のフェイスパウダー。超微粒子パウダーがすきのない美肌へと導く。

Eve310　8,800円／アンシブラシ　最高ランクの山羊毛だけを集め、極上のふわふわ感を実現。ムラのない肌に仕上げてくれる。

10

ニキビやシミに コンシーラー

ニキビやシミにピンポイントでコンシーラーを塗る。ブラシをやさしく持ち、ニキビやシミに対して垂直にブラシを当て、毛先だけを使うような感じで左右に動かして。

USE IT

プリズム・リーブル・スキンケアリング・コンシーラー N80　4,620円／パルファム ジバンシイ［LVMHフレグランスブランズ］

ebony16　1,080円／アンシブラシ

11

ニキビやシミに パウダー

⑩でニキビやシミにコンシーラーを塗った上にだけパウダーをのせる。

USE IT

ウルトラHDルースパウダー　5,280円／メイクアップフォーエバー

ケイト アイシャドウブラシ 1,540円（編集部調べ）マツモトキヨシ・ココカラファイン専用商品／KATE（カネボウ化粧品）　密度の高い毛足で、大粒ラメもパウダーもしっかりまぶたにのせられるアイシャドウブラシ。鼻筋のシェーディングに使ってもOK。

STEP 2

EYEBROW

アイブロウ

＼少し太め＆薄めカラーでやさしげに／

ふんわりグラデ眉

顔の美人度は眉で決まると言っても過言ではありません。
自分の眉の黄金比率を知り、
立体感と自然な毛流れを意識するように描いていきましょう。
眉を描くときには「少し太め＆薄め」を心がけて。
濃く描いてしまうと、力強い印象に。
また、このあとに続くアイメイクを濃いめにつくっていくので、
眉を細く描くとケバくなってしまいます。
少し太め＆薄めがナチュラルでやさしげに見えるのです！
アイブロウ用のパウダー、ペンシル、マスカラを順に使って、
スクリューブラシで毛流れを整えていきましょう。
眉頭を立てるとナチュラルでヘルシーな仕上がりになります。

♡POINT 1♡

眉は薄めに描いてやわらかさを

眉は濃くつくらないように。濃い眉は力強い印象を与えます。やわらかく薄い色で、眉頭を薄めに、眉尻にいくにつれて濃くなるグラデーションで描いていきます。

♡POINT 2♡

少し太めの眉でナチュラルに

アイメイクの濃さに合わせて、眉は少し太めに描くようにします。バランスがとれてナチュラルな印象になります。眉が細いとケバく見えてしまうので、意識的に少し太めにして。

STEP 2
EYEBROW

ふんわりグラデ眉

完全プロセス 7

- ティッシュオフ
- ルースパウダー
- スクリューブラシ
- アイブロウパウダー
- アイブロウペンシル
- アイブロウリキッド
- アイブロウマスカラ

1

眉毛の油分OFF

ティッシュを小さく折り、眉毛の根元から油分をティッシュオフする。油分がなくなると、眉毛の仕上がりもモチもよくなるので、このひと手間を忘れずに。

2

眉毛に パウダー ON

粒子の細かいパウダーを眉毛全体にのせる。このひと手間で、あとのアイブロウメイクのノリがよくなる。

USE IT

ウルトラHDルースパウダー　5,280円／メイクアップフォーエバー　テレビや映画など4K映像対応のフェイスパウダー。超微粒子パウダーがすきのない美肌へと導く。

ケイト アイシャドウブラシ 1,540円（編集部調べ）マツモトキヨシ·ココカラファイン専用商品／KATE（カネボウ化粧品）密度の高い毛足で、大粒ラメもパウダーもしっかりまぶたにのせられるアイシャドウブラシ。

3

毛流れを整える

スクリューブラシで眉毛の毛流れを整える。

USE IT

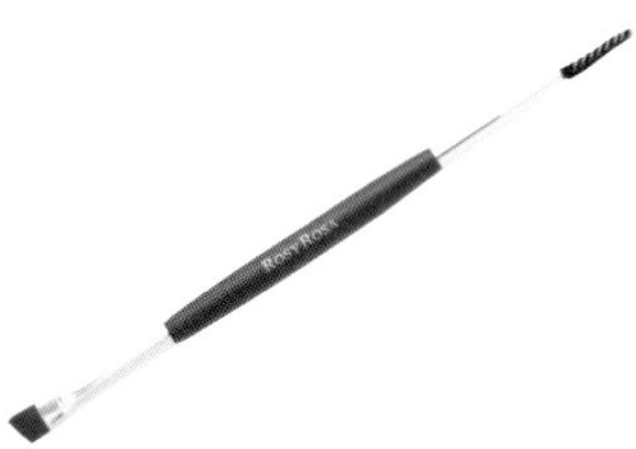

ロージーローザ ダブルエンドアイブロウブラシ スクリューライプ 715円／ロージーローザ　斜め平筆ブラシは色をのせたり、繊細な毛を描き足したりでき、スクリューは毛流れを整えたり、自然にぼかしたりと万能な1本。

4

眉毛の
グラデーションをつくる

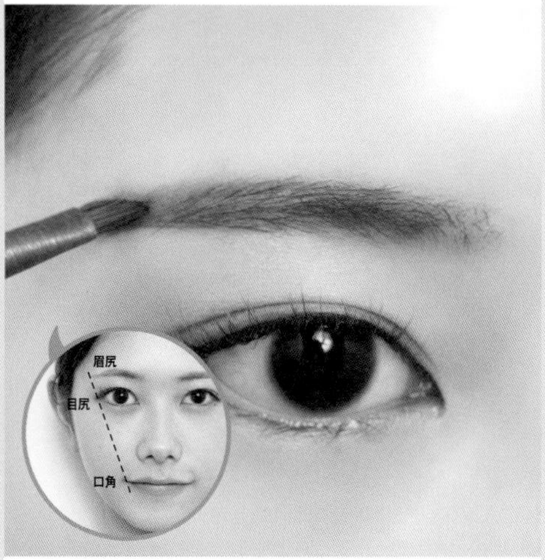

アイブロウパウダーの濃い色は使わず、ふんわりとグラデーションをつくる。眉頭は薄く、眉尻に向かうにしたがって濃く描いていく。口角と目尻の延長線上に眉尻がくるようにすると、幼くあどけない印象になって◎。

USE IT

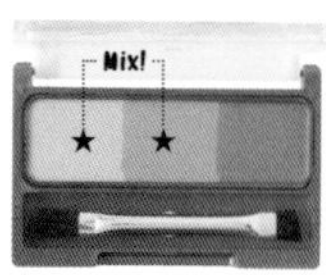

ノーズ＆アイブロウパウダー 02 ナチュラル　638円／セザンヌ化粧品　アイブロウとノーズシャドウに使える濃淡パウダーパレット。やや赤み寄りの明るい茶系の髪色の人向き。

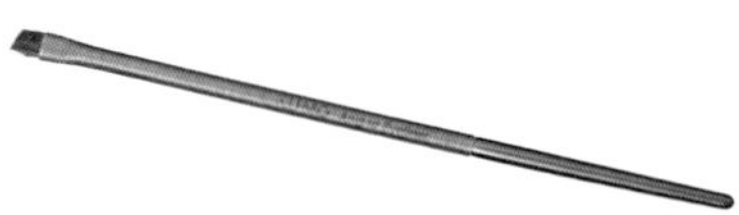

KUMO Angled Eyebrow Brush／私物　韓国発のブランドKUMO（クーモ）。肌あたりがやさしく天然毛のようにやわらかい。プロに愛用者が多い。

5

アイブロウペンシルで
細かい毛流れをつくる

細めのアイブロウペンシルを使って、さらに毛流れを追加する。薄い部分に1本1本植毛していくように描いていく。

USE IT

超細芯アイブロウ 03 ナチュラルブラウン　550円／セザンヌ化粧品　眉尻の1本1本まで描ける0.9mmの超極細芯。力を入れずに描ける。肌なじみのよい自然な茶色。

6

眉毛のない
部分を補強

リキッドタイプのアイブロウで眉毛が生えていない部分を慎重に描いていく。

USE IT

エクセル　ロングラスティングアイブロウ　LT01 ナチュラルブラウン　1,540円／エクセル（常盤薬品工業）　薄づきリキッドと立体感パウダーの2 in 1。汗・皮脂・水でにじまず、長時間キープ。

7

アイブロウマスカラ
ON

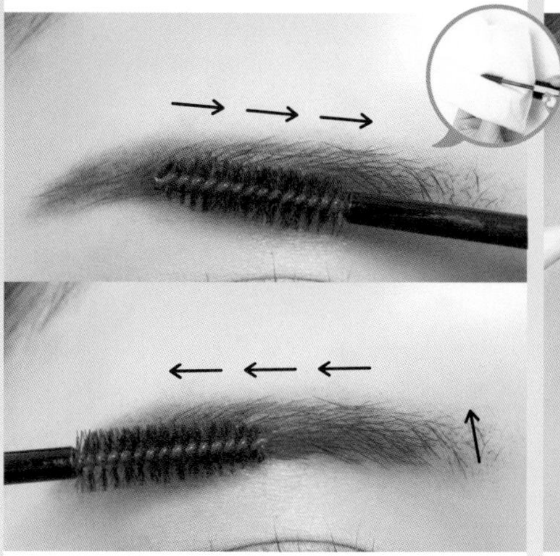

ブラシ部分をティッシュオフしたら、眉毛の流れと逆の方向に毛を立て、根元から色をつける。次に眉頭を立て、毛流れに沿ってブラシで整える。

USE IT

ヘビーローテーション カラーリングアイブロウR04ナチュラルブラウン 880円／ KISSME（伊勢半）　地肌につきにくいコンパクトなブラシで、眉毛1本1本の根元に薄膜でキレイに色づく。

STEP 3

EYE

アイ

＼ぷっくり涙袋とまつ毛の存在感がキモ／

きゅるるるんデカ目

キュートなアイドルメイクの「要」でもあるアイメイク。
淡い陰影カラーのアイシャドウを重ねて
やさしげなのに目力が強い、印象的な目元をつくりあげます。
特にこだわりたいのが、涙袋とまつ毛。
涙袋をつくると、うるうる＆きゅるるんとした目になるほか
中顔面が短くなり、小顔効果もあります。
パールやキラキラグリッターで涙袋のぷっくり感を出し、
陰影カラーで涙袋の影や目幅をメイク。
立体感を出し、目幅を拡大していきます。
黒いマスカラでまつ毛の存在感を出し、
パッチリしたきゅるるんデカ目にしましょう。

♡POINT 1♡

アイシャドウの濃いカラーは最小限に

淡い陰影カラーを重ねることで仕上がるステージ仕様のアイメイク。濃い色を使うとしても、ブラウンのアイラインの上に重ねるくらいで、あまり使いません。

♡POINT 2♡

光と影を利用して目元に立体感を

メイクは光と影をうまく使うことが大事。下目尻や涙袋に陰影を入れ、光を反射するグリッターを上まぶたと目頭側の下まぶたにのせることで、目元に立体感をつくります。

STEP 3
EYE

きゅるるんデカ目

完全プロセス20

1

アイホールに明るめパウダー ON

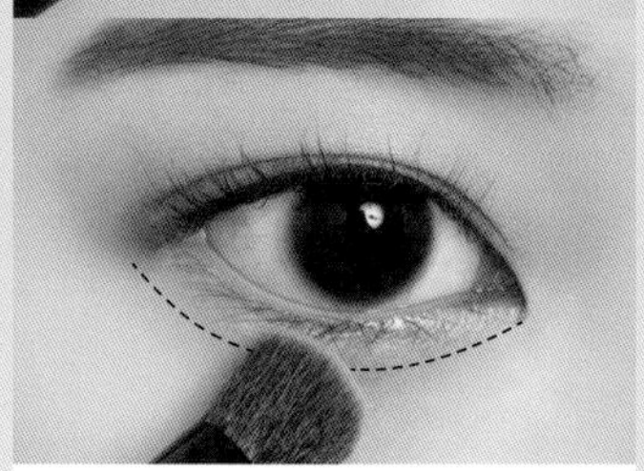

アイホール全体に明るめパウダーをのせる。目の下にも同じく明るめパウダーを。目元が華やかで明るくなる。

USE IT

デイジーク　シャドウパレット 16 バイオレットニット 4,180円／PLAZA あたたかみのある９色シャドウパレット。マットシャドウに微細なラメが埋め込まれ、さりげなく目元を輝かせてくれる。

ケイト アイシャドウブラシ 1,540円（編集部調べ）マツモトキヨシ･ココカラファイン専用商品／KATE（カネボウ化粧品）　密度の高い毛足で、大粒ラメもパウダーもしっかりまぶたにのせられるアイシャドウブラシ。

2

まぶたに陰影カラーをのせる

アイホールの2/3くらいの範囲に陰影カラーをのせる。

USE IT

デイジーク　シャドウパレット 16 バイオレットニット　4,180円／PLAZA

#217S ブレンディング ブラシ 4,290円／M･A･C　やわらかく毛の密度が高いオーバル状のブラシ。目元に陰影をつけたりぼかしたりするのにピッタリ。

3

涙袋に 陰影カラーON

❷と同じカラーを涙袋の部分にものせる。

USE IT

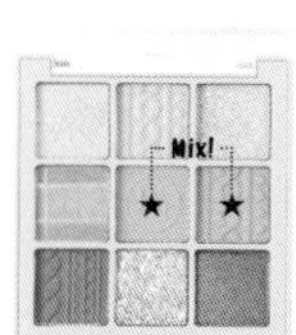

デイジーク　シャドウパレット
16 バイオレットニット　4,180円
／PLAZA

ebony21　1,880円／アンシブラシ　「涙袋作成用アイシャドウブラシ」。希少なリス毛を使用し製作。小さな円筒形のブラシが目の下に涙袋をつくるのにピッタリ。

4

涙袋に コンシーラーをのせる

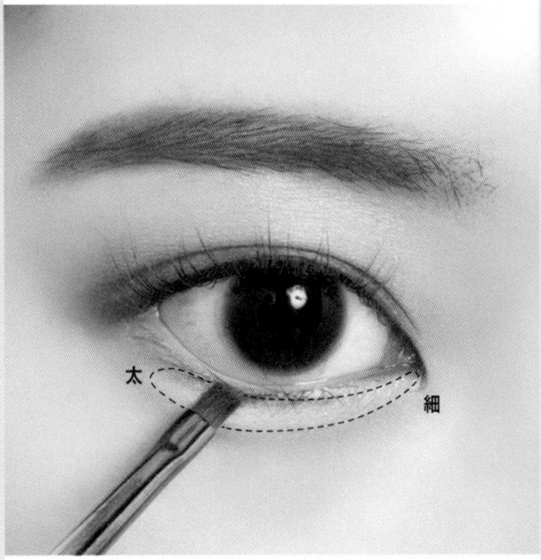

コンシーラーを手の甲にとり、細筆で涙袋にのせる。目のキワまで塗らずにすき間をあけると、目が小さく見えない。目尻に向かって幅を太くしつつ目尻をあけるとたれ目に見えて、かわいらしい印象に。

USE IT

カバーパーフェクション チップ コンシーラー ブライトナー　790円／ザ セム　しっかりカバーするのに厚塗りにならない。時間がたってもヨレにくい高密着コンシーラー。

ebony30　1,200円／アンシブラシ　「完璧主義者様用万能ブラシ」。Ancci brushのなかでもいちばん毛が細いブラシ。イタチの毛を使用し製作。

5

陰影カラー ON

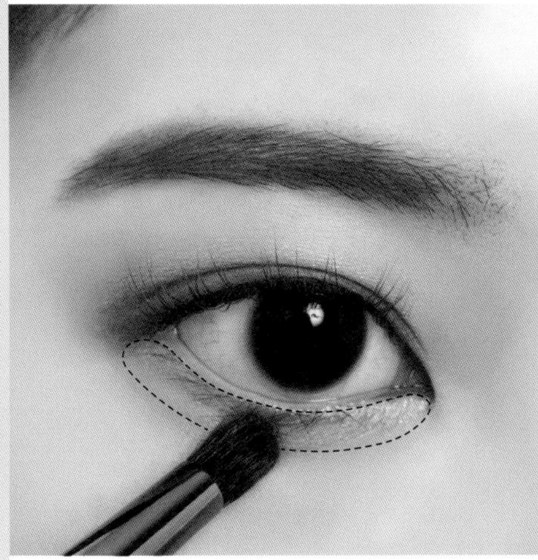

❹の上に陰影カラーをのせる。コンシーラーの上に重ねると、より自然な仕上がりに。

USE IT

デイジーク　シャドウパレット
16 バイオレットニット　4,180円
／PLAZA

ebony21　1,880円／アンシブラシ

6

ビューラーで まつ毛UP

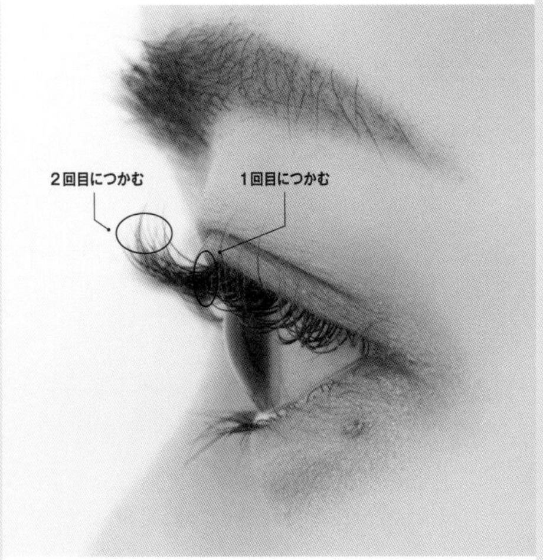

ビューラーでまつ毛を上げる。根元をつかんで、上に押し込む感じで2〜3回に分けてビューラーを上げる。まつ毛を下に引っぱると、まつ毛が上がらないうえに抜けてしまうのでNG。

USE IT

エクセル　スプリングパワーカーラー　880円／エクセル（常盤薬品工業）　スプリングパワー構造で簡単にキレイな上向きまつ毛を実現。ゆったりサイズのオリジナル形状で、短いまつ毛もしっかりキャッチする。

7

ペンシルで間を埋める

ペンシルでまつ毛の下からまつ毛と目のキワの間を埋める。リキッドペンシルではなくクリームペンシルを使うので、目元もキリッとしすぎずやわらかい印象に。

USE IT

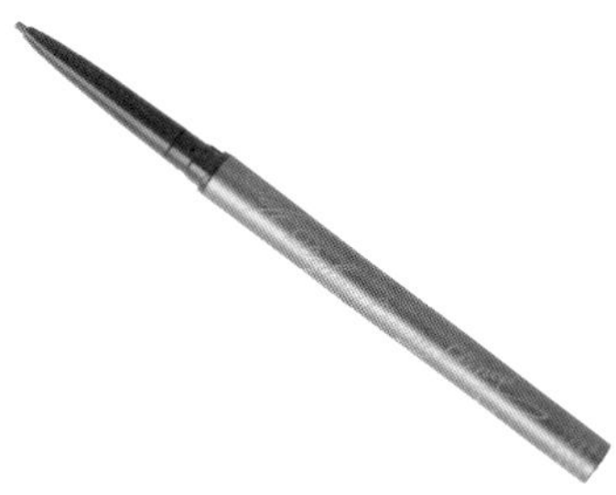

ヒロインメイク ソフトディファイン クリームペンシル 01 ナチュラルブラウン　1,320円／KISSME（伊勢半）　なめらかな肌あたりの芯で、目頭から目尻まで引っかからずにスルスルと描ける。濃すぎない深みのある茶色。

8

アイラインを引く

目を開けたままリキッドアイライナーで目のカーブに沿ってアイラインを入れる。目頭と同じ高さまで長めに引く。最後に伏し目で整える。

USE IT

メイベリン ハイパーシャープライナー R BR- 2 ブラウンブラック　1,419円／メイベリン ニューヨーク　目のキワなどにも超極細ラインを描きやすい極細 0.01mm のアイライナー。絶妙なコシで手元がブレにくく、細くても太くても自由自在。

9

アイラインを 締め色でなぞる

❽で入れたアイラインの上をアイシャドウの締め色でなぞる。アイラインより少し長めにすることでナチュラルに。

USE IT

デイジーク　シャドウパレット
16 バイオレットニット　4,180円
／PLAZA

ブラシ／私物

10

少し暗い 陰影カラーでぼかす

❾の上を少し暗い陰影カラーでぼかす。目尻は❾以上にはぼかさない。

USE IT

デイジーク　シャドウパレット
16 バイオレットニット　4,180円
／PLAZA

#217S ブレンディング ブラシ 4,290円／M·A·C

11

目尻下に三角形をつくる

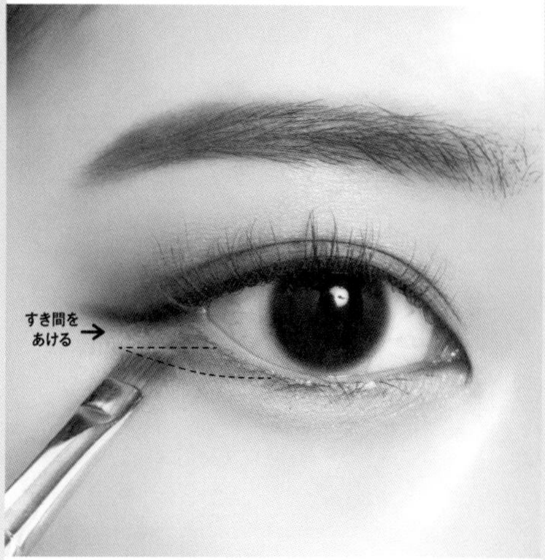

⑩と同じカラーで目尻の下に三角形をつくる。アイラインとつなげると濃くケバく見えてしまうので、すき間をあけて"ヌケ感"を出す。三角形はアイラインより頂点が少し内側になるように。

USE IT

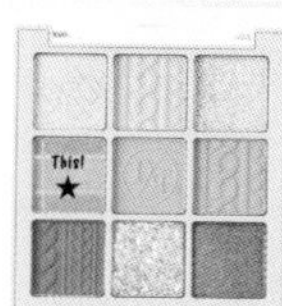

デイジーク　シャドウパレット
16 バイオレットニット　4,180円
／PLAZA

ブラシ／私物

12

涙袋の影を描く

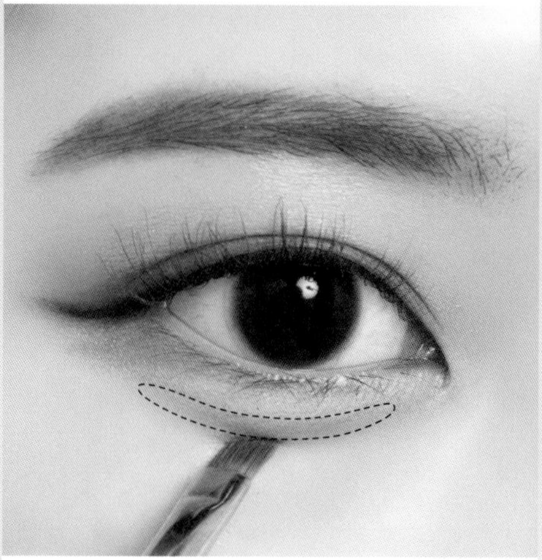

アイシャドウの陰影カラーを使って、涙袋の影を描く。手の甲にアイシャドウをとり、なるべく薄めに調節する。影は長くなりすぎないように注意。

USE IT

デイジーク　シャドウパレット
16 バイオレットニット　4,180円
／PLAZA

ブラシ／私物

13

涙袋に ハイライトカラー ON

❹でコンシーラーをのせた部分にハイライトカラーをのせる。目頭側は細く、目尻にいくにつれて太くする。

USE IT

デイジーク　シャドウパレット 16 バイオレットニット　4,180円／PLAZA

okhee #NUN08 Under Eye Brush　1,800円／SOO ADOR（BeautiTopping 公式 Qoo10店）　活用度の高い涙袋ブラシ。涙袋にピッタリサイズで使いやすく、アンダーシャドウ、ラメシャドウ、グリッターなどにも使用可能。

14

まつ毛に ベースマスカラを塗る

まつ毛にマスカラ下地を塗る。横に塗ったあとに縦に塗るように。まつ毛をセパレートするよう整える。

USE IT

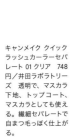

キャンメイク クイックラッシュカーラーセパレート 01 クリア　748円／井田ラボラトリーズ　透明で、マスカラ下地、トップコート、マスカラとしても使える。繊細セパレートで自まつ毛っぽく仕上がる。

15

まつ毛にマスカラを塗る

まつ毛にマスカラを塗る。まつ毛の根元にマスカラをのせ、ゆっくり左右に振りながら上に抜けるように動かす。

USE IT

ボリュームアンドカールマスカラ ブラック　2,750円／Style by Aiahn　韓国メイクアップアーティスト御用達マスカラ。天然ビーズワックスなどの成分により、皮脂・汗・涙に強く、美しさが長時間持続。

16

ホットビューラーでまつ毛UP

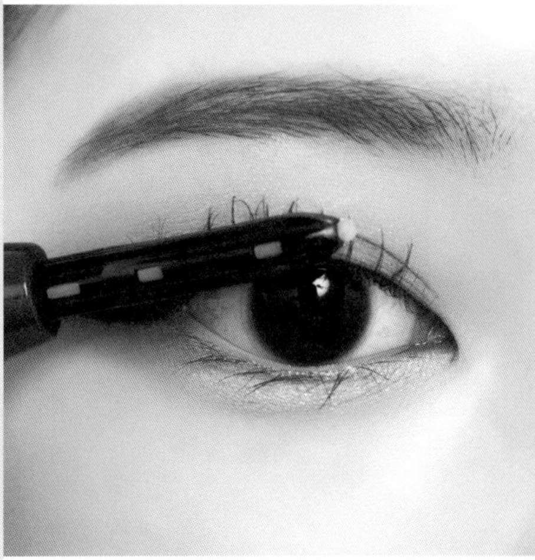

ホットビューラーでまつ毛をよりなめらかなカールに。上まつ毛も下まつ毛も根元に2秒ほど当てて、ゆっくりスライドさせていく。

USE IT

＼くるりんまつ毛！／

ホットアイラッシュ・カーラー　2,932円／ハリウッドアイズ（グッズマン）　短いまつ毛まで美しくカールできるコーム型のホットアイラッシュカーラー。高性能特殊ICチップ内蔵で、カールに最適な温度をキープ。

17

ピンセットで
束感をつくる

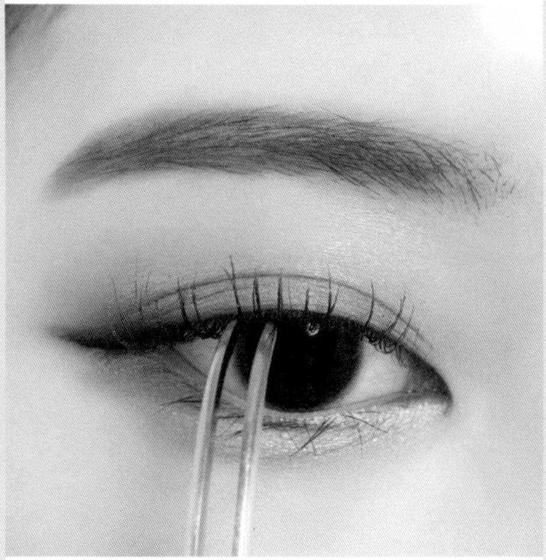

ピンセットを使って、毛流れを整えながらまつ毛をつまんで、きれいに束感をつくっていく。

USE IT

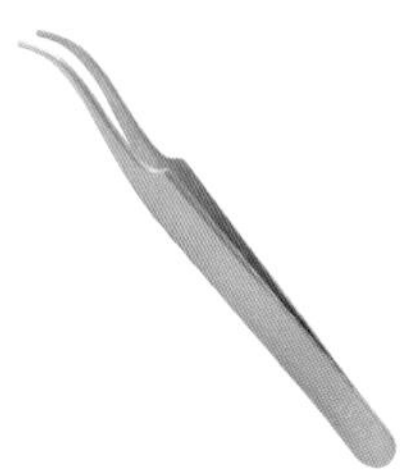

ディーアップ パーフェクトツイーザー 511　880円／ディー・アップ　プロのアイリストも使用するつけまつ毛専用ツイーザー。繊細な動きが可能なので、まつ毛をセパレートしたり、束感をつくったりするのにも◎。

18

グリッターを
上まぶたにON

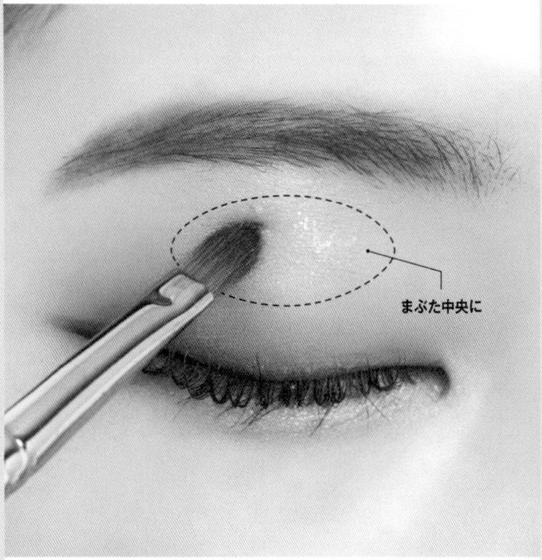

二重にかぶらないようにブラシでグリッターを上まぶたにのせていく。指でのせるとアイシャドウがはがれやすいので、ブラシの毛先でグリッターをとり、細かくていねいにのせていく。

USE IT

リリミュウ　ピックミーアイズグリッター　01　ブライトミー　1,540円／Ririmew（コージー本舗）　角度で変わるキラキラ感のある多色ラメ×さまざまな大きさのグリッター。ホワイトベースのグリッターは、夢月のアイドルメイクでも多用するマストアイテム。

ebony28　2,100円／アンシブラシ　「一撃必殺ピンポイントラメ用ブラシ」。平たくとがった形状。イタチの毛で肌への密着力が強く、しっかり均一にのせやすい。

19

目の下にも グリッター

⑱と同様に、ブラシでグリッターを目頭側の目の下にのせる。

USE IT

リリミュウ　ピックミーアイズグリッター　01　ブライトミー　1,540円／Ririmew（コージー本舗）

ebony28　2,100円／アンシブラシ

20

涙袋の下に コンシーラーを塗る

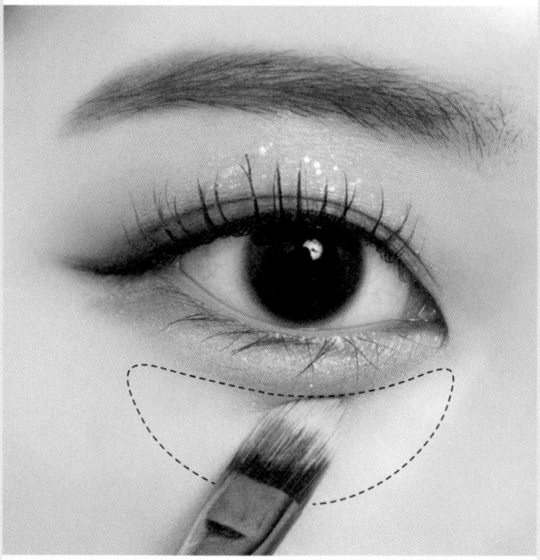

涙袋の下をコンシーラーで整えると、アイメイクがきわ立ち、クマも薄くなる。面でやさしく塗るように。

USE IT

プリズム・リーブル・スキンケアリング・コンシーラー N80　4,620円／パルファム ジバンシイ［LVMHフレグランスブランズ］　光のプリズムを再現するように透明感あふれる明るさをもたらし、ケアしながら肌悩みをカバー。

ebony16　1,080円／アンシブラシ　「万能アラ隠しコンシーラーブラシ」。アーチ形の先端がクマ、ニキビ、シミなど肌の悩みに密着してしっかりカバー。

STEP 4

CHEEK

チーク

＼ほんのり血色感とやわらかさ／

ふわ桃ほっぺ

めざしたいのはベビーピンクに色づいた“赤ちゃんほっぺ”。
パウダーチークはふんわりしたほおに、クリームチークはツヤ感、
リキッドチークは透明感のある印象になります。
ふんわり感を出したいのでパウダーを使用し、
大きめのチークブラシでのせることが桃肌のポイントです。
チークは濃い色を１色だけ使うと、浮いて見えがち。
２色のチークを使い、グラデーションをつくることで
ナチュラルな立体感をつくりましょう。
絶対に忘れてはいけないのは、ぼかすこと。
チークは顔の余白を埋めてくれるので、引き締まって見えるのもメリットです。

♡POINT 1♡

色を重ねてグラデーションをつくる

ベースカラーのチークを大きめのチークブラシで広めに塗り、ポイントカラーをほおの上側にのせる。２色のチークを使うことで、ほおに立体感が出ます。

♡POINT 2♡

最後のぼかしが超重要！

２色のチークカラーをのせたあとは、大きめのチークブラシで混ぜる感じでぼかしていきます。顔なじみがよくなり、自然な仕上がりに。

STEP 4
CHEEK

ふわ桃ほっぺ

完全プロセス 3

ベースチーク
ポイントチーク
ブラシ

1 ベースカラーのチークを塗る

ベースカラーのチークを広めに塗る。小さいチークブラシだとムラになりやすいため、大きなチークブラシを使うのがオススメ。

USE IT

アピュー パステルブラッシャー PK07　990円／ミシャジャパン　やわらかくポッと発色するチーク。ふんわりやさしいベビーピンクカラー。

ANC2006　3,880円／アンシブラシ　「Ancciの天使チークブラシ」。希少価値の高いリス毛を使用し製作。発色がきめ細かく薄づきのため、チークブラシ初心者にもオススメ。

2

ポイントカラーをのせる

ベースカラーの上側の真ん中あたりにポイントカラーをのせる。

USE IT

ディオール ロージーグロウ 001 ピンク　5,940円／ディオール（パルファン・クリスチャン・ディオール）
　内側から上気したかのようなみずみずしいツヤと血色感でナチュラルにほおを彩る。

ANC2006　3,880円／アンシブラシ

3

ブラシでぼかす

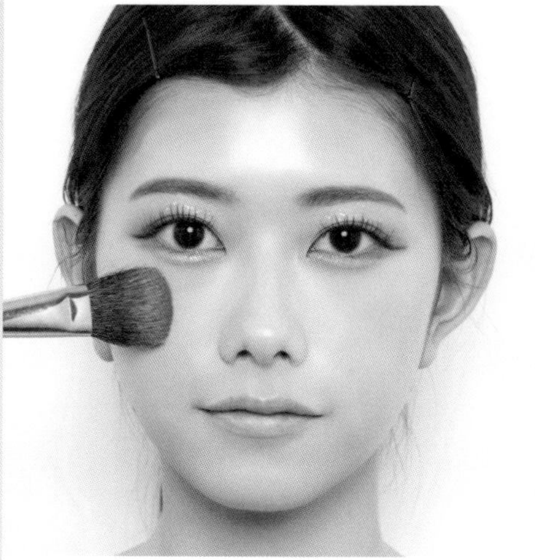

ブラシをティッシュオフしてから、2つのカラーを混ぜるようにぼかす。

USE IT

ANC2006　3,880円／アンシブラシ

STEP 5

HIGHLIGHT & SHADING

ハイライト＆シェーディング

＼理想の骨格をメイクで演出／

卵フェイスとちょこん鼻

基本のアイドルメイクは淡くふんわりしたカラーを使うことで
濃く見せない工夫をしていますが、人によってはぼんやりしてしまうことも。
それをカバーするのが、実はハイライト。
余白をなくすことで立体感が生まれ、シュッとした顔立ちに。
王道美人の卵フェイスにするのはシェーディング。
輪郭を中心に、エラやあご下に入れていきます。
こめかみとほお骨の下に入れると、骨ばった印象になるので絶対NG。
鼻を短くつくるとかわいらしい印象になるので、
鼻の横と下にノーズシャドウをON。
鼻筋を細くしすぎると鼻先が大きく見えるので、注意が必要です。

♡POINT 1♡

ハイライトで余白をなくす

鼻筋、鼻先、目頭、ほお骨、ほおの中心、あごなどメイクを施していない部分にベージュのハイライトを。鼻と口の間を短く見せるため、唇の山の上にはピンクのハイライト。余白を埋めると立体感が生まれます。

♡POINT 2♡

シェーディングで鼻を短く！

短い鼻は、顔をかわいらしく幼く見せられます。鼻筋の両サイドと鼻の下にシェーディングを入れることで、控えめな鼻のアイドル顔になることができます。鼻先を高く細くつくることで、ツンとした鼻に見せることも。

STEP 5
HIGHLIGHT & SHADING

卵フェイスとちょこん鼻

完全プロセス 3

ハイライト
シェーディング

1 ハイライトを入れる

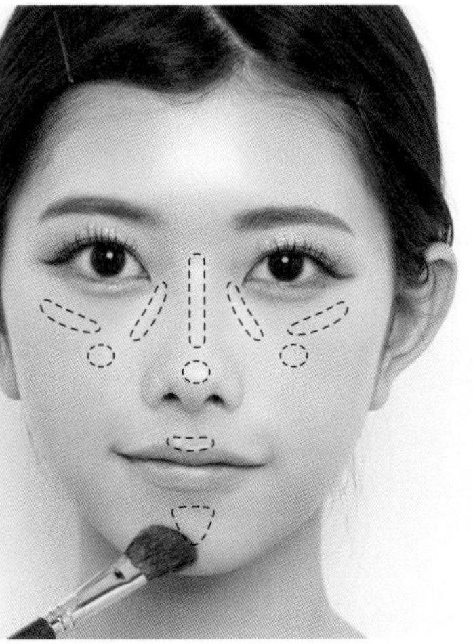

目頭、ほお骨、ほおの中心、あごには左下のハイライトを入れる。鼻筋と鼻先の間はあけておく。唇の山の上には鼻と口の距離を短くして幼い印象をつくりたいため、右上のハイライトを入れる。

USE IT

ディオール バックステージ フェイス グロウ パレット 004 ローズ ゴールド　6,050円／ディオール（パルファン・クリスチャン・ディオール）
ハイライトにもチークにもなる多機能美肌パウダー。4色のピンクの光彩を放つローズゴールドのハーモニー。

ANC2002　2,780円／アンシブラシ　「Ancciの天使ハイライトブラシ」。繊細でやわらかな肌ざわりのリス毛ブラシでハイライトを入れると、肌に生き生きとしたツヤ感をプラスできる。

2 シェーディングを入れる

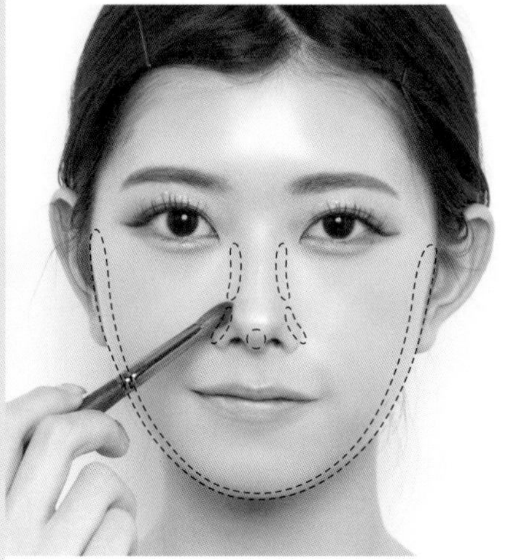

ほおの横から輪郭、鼻の横、鼻の下にシェーディングを入れる。小鼻のみぞをなくすことで、ツンと上がった鼻に見せられる。ほお骨の下やこめかみには入れないように。

USE IT

コントゥアパウダー イルミネイター　2,090円／エチュード　影を落としたようなシャープさを実現したナチュラルシェーディング。素肌になじむグレイッシュなブラウンで自然な仕上がりに。

ebony7　1,580円／アンシブラシ　「小鼻にON ノーズシェーディングブラシSsize」。山羊毛を100%ぜいたくに使用。鼻のシェーディングを入れるのに適したブラシ。淡い自然な発色の演出に向いているため、初心者にも◎。

3 エラやあご下にもシェーディングを

大きめのブラシでエラやあご下を削るような気持ちでシェーディングを入れる。

USE IT

コントゥアパウダー イルミネイター　2,090円／エチュード

ebony1　4,620円／アンシブラシ　「シェーディングデビューのためのシェーディングブラシ」。山羊毛を100%ぜいたくに使用。顔の輪郭に沿わせてブラシをすべらせるだけで、ふんわりとした自然な影を演出できる。

STEP 6

LIP

リップ

＼うるツヤのグラデリップがあれば完璧／

ちゅるるん唇

最後の仕上げはリップでちゅるるん唇をメイク。
かわいいアイドルの唇は、内側からじゅわっとにじんだような血色感。
ベースカラーはすっぴん唇に近いナチュラル色を選んで。
チークと同様、リップは濃い色を1色だけ使うと、
唇が浮いて見えてしまいがち。
2色のリップでグラデーションをつくり、立体感を出しましょう。
付属のチップや指でぼかすことも忘れずに。
最後に、リキッドタイプのリップやグロスなどで潤いとツヤ感をUP。
ナチュラルなうるツヤリップに仕上げて、
完璧なアイドルメイクの完成です。

♡POINT 1♡

ベースは オーバーリップで

リップのベースカラーは自分の素の唇に近い淡いカラーをチョイスして自然な血色感のある唇に。全体にオーバーリップぎみに塗ること。

♡POINT 2♡

グラデーションで 立体感をつくる

ベースカラーを塗ったあとに、濃いめのリップを唇の中央に塗ります。付属のチップや指などでポンポンとぼかします。立体感のある唇はかわいらしい印象を与えられます。

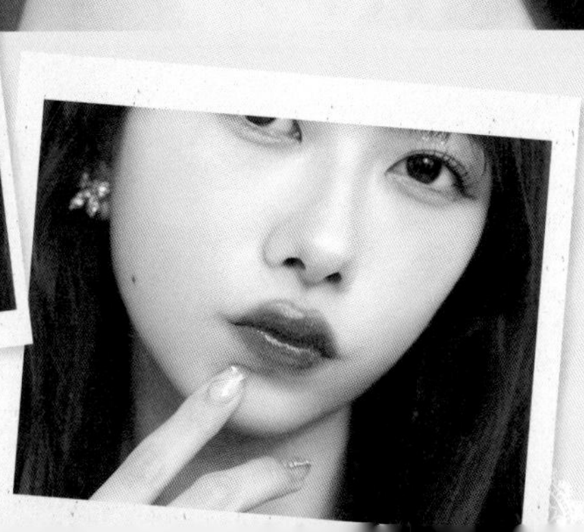

STEP 6
LIP

ちゅるるん唇

完全プロセス 3

ベースリップ
濃いめリップ
潤いリップ

1

ベースカラーのリップを塗る

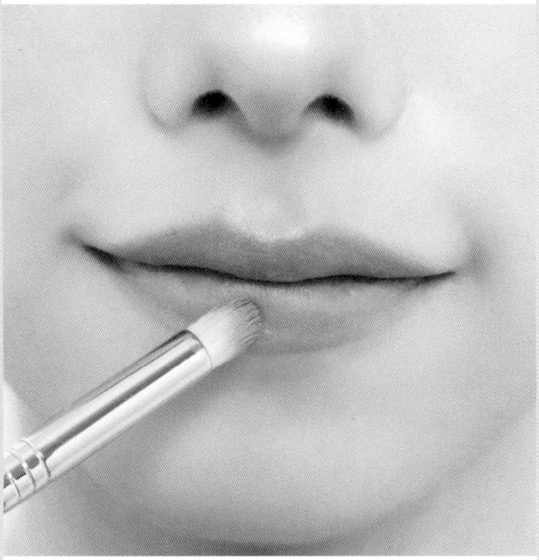

リップのベースとなるカラーをペンシルブラシを使って、薄めに塗る。唇の輪郭より少しオーバーぎみに。

USE IT

シフォン ブラー ティント 05 ピンクフォグ 2,160円／クリオ やわらかいシフォンのようなソフトテクスチャーの密着ティント。血色感のあるピンクカラー。

okhee #NUN04 Pencil Brush 1,800円／SOO ADOR（BeautiTopping 公式 Qoo10店） 水彩画のようなリップ表現、陰影シャドウなどに使えるペンシルブラシ。ブラシにアイシャドウやリップをつけて、ブレンディングしながら使用する。

2

濃いめリップON

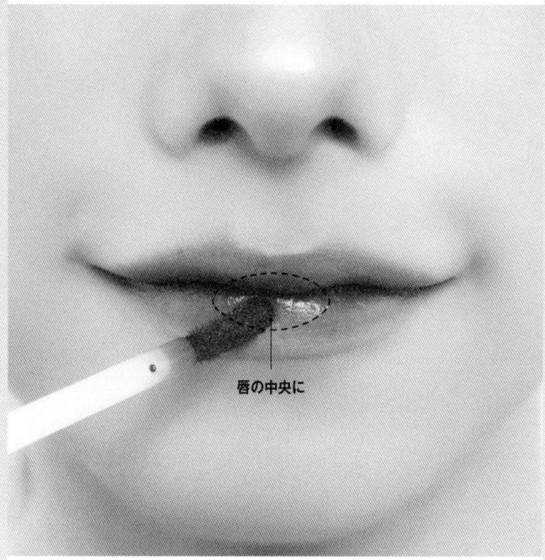

濃いめリップを唇の中央部分に塗る。付属チップや指などを使ってぼかす。

USE IT

タイムレスグロウ ルージュティント04 lipstick letter 3,300円／ジルスチュアート ビューティ みずみずしいタッチのティントルージュ。唇を美しく鮮やかに彩るピュアレッドカラー。

3

潤いリップON

潤いリップを付属チップで唇全体に塗って完成。

USE IT

クリスタルブルーム リップブーケ セラム05 lily fuchsia 3,740円／ジルスチュアート ビューティ ふっくらハリのある唇にする花蜜リッププランパー(※)。カーネーションのようなコーラルピンク。※プランプはメイクアップ効果による。

Interview

TALK ABOUT IDOL MAKE

＼

夢月×千葉恵里（AKB48）

アイドルメイクの神！対談

今回の撮影にモデルとして全面協力してくれたのが
正真正銘のアイドル・AKB48の千葉恵里さん。
アイドルメイクに大切なことを、ガチ対談していただきました。

PROFILE

千葉恵里／ちばえりい
2003年10月27日生まれ。神奈川県出身。AKB48チームAメンバー。充s所属。2015年にAKB48に入り、2021年のAKB48・58thシングル『根も葉もRumor』でシングル表題曲選抜メンバーに初選出。2022年のAKB48・60thシングル『久しぶりのリップグロス』でシングル表題曲センターに初選出。2023年1月にファースト写真集『エリンギ』（玄光社）を発売。

MUTSUKI × ERII CHIBA

夢月さんにメイクしていただいたら必ず盛れるんです。

―――― by千葉

―お二人は以前からの仲良しだと伺いました。最初の出会いは？

夢月　2年くらい前にアパレルの撮影で一緒になったのが最初の出会いです。私はもともと恵里ちゃんを「この子めちゃくちゃかわいい！　メイクしたい！」と思っていて、キャスティング担当の人にも「恵里ちゃんかわいい♡」って言っていたと思うんですよ。

千葉　ありがとうございます！　私も、夢月さんはもちろん知っていました。Instagramでいろいろなアイドルをメイクしているのを見ていて、ずっとメイクしてもらいたいと思っていたんです。夢月さんのメイクは今の女の子たちが好きなメイクで、私も大好きだから、絶対にやってもらいたくって。夢月さんは私にとって〝アイドルメイクの神〟です。

夢月　うれしい～！

千葉　夢月さんにメイクしていただいたら、必ず盛れるんです。私は自分のメイクのなかでもアイメイクにこだわりがあって、特に涙袋を重要視しています。夢月さんは涙袋にコンシーラーなどを使ったり、影を描いたりなど、涙袋のつくり方がすごく上手。夢月さんの涙袋のつくり方を学んで、私もそのとおりに実践しているんです。

　夢月さんのメイクは1回やっていただいたら、必ず真似したくなる。だから、夢月さんが使っているコスメアイテムもめっちゃ買ったりしています。まつ毛下地などは、夢月さんと同じものを海外から取り寄せています。

夢月　恵里ちゃんは写真や映像でももちろんかわいいのだけど、実物がめっちゃかわいいですよね。顔の小ささとか顔のバランスとか、全部がすばらしすぎて、初対面のときは衝撃を受けたくらい。アニメに出てくるヒロインみたいなんです。プリキュアみたいなかわいさ♡

初対面のときは衝撃を受けたくらい。アニメに出てくるヒロインみたい。

―――― by夢月

―そんな相思相愛の出会いから始まって、その後の交流は？

夢月　私から恵里ちゃんにオファーして、私のYouTubeチャンネルに出演してもらったんです。私は自分が好きな人と仕事をしたいので、恵里ちゃんにはだいぶ協力してもらっています。呼びまくっているもんね（笑）。

千葉　こちらこそ楽しいし、ありがたいです。あと、広告のお仕事などでもご一緒させていただいています。まだ出会って2年くらいですけど、もう2件くらいやらせてもらいましたよね。

夢月　たしかに！　3～4カ月に1回はメイクをさせていただいています。1クールに1回は大きめのお仕事で一緒になるかも！

私が思ったとおりの明るめの肌にしてくださるんです。

――by千葉

――ほかにも「夢月さんってすごいな」と思うメイクテクニックがあれば教えてください。

千葉　たくさん参考にしていることはあるのですが、まずはまつ毛ですね。まつ毛パーマをかけてから2カ月くらいたってしまい、パーマが落ちかけてくると、ボサボサになるんです。このままメイクしてもらうのは申しわけないなって思いながら、夢月さんにメイクしてもらうのですが、完成したらめっちゃきれいな束感まつ毛ができあがる。毎回感動します。技術がすごくて、本当に最高です。

　あと、ベースですね。私は明るめの肌が好きなのですが、夢月さんは私が思ったとおりの明るめの肌にしてくださるんです。

夢月　それ、アイドルの子たちにめっちゃ言われるかも……。私、基本的にベースはすごく白めにつくるんです。そのほうが映りがよくなるから。淡くてやわらかい色のコスメを使うのが好きなので、そういうカラーを使うときは肌をめちゃくちゃ明るくつくっておかないと、くすんでしまったり、色がパキッと出なかったりするので、ベースは明るくつくるように心がけているんです。だから、ベースが好きって言われるとすごくうれしいです。

千葉　私も自分でメイクするときに、絶対自分の素肌よりも白めのファンデーションを使います。顔が白浮きしないように、水色のベースを塗るんですけど、夢月さんのベースがいちばん好きです。本当に思ったとおりの白さになるから。だから、夢月さんのメイクは〝大信用〟なんです！

夢月　私のアイドルメイクはステージに立ったり歌番組に出たりするときにも映えるようなメイクです。アイラインの角度が1mm違うだけでも雰囲気は変わるし、チークの色みを変えたり、前髪を薄くしたり流したり、こだわりがたくさん。恵里ちゃんにヘアメイクをさせていただくときには、前髪を少し変えると、恵里ちゃんのファンの方から「こういうのも大人っぽくていいね」「普段もかわいいけど、こういうのをたまに見るとうれしいね」などとコメントもらったりすることも。アイドルのときも恵里ちゃんはかわいくて完璧だし、ほかのお仕事のときにはどんなコンセプトでもこなしてくれるので、私も〝大信用〟しています（笑）。

前髪を少し変えると
ファンの方から
「こういうのも大人っぽくていいね」
とコメントもらったりします。

—— by 夢月

基本的にベースは白めに。
そのほうが映りがよくなるから。

—— by 夢月

——4パターンのメイクをしていただきましたが、千葉さんはどれがいちばん好きでしたか？

千葉　どれもいつもと違う自分ですごく楽しかったし好きだったんですけど、儚げ系アイドルメイクが好きでした♡

夢月　わかる！　スタイリングも含めて、全部がバチッとかみ合った感じしたよね。

千葉　あと、大人系アイドルメイクのときに思ったのですが、「アイラインの引き方を変えるだけでこんなに変わるんだ」という発見もありました。眉毛もいつも適当に描いちゃいますが、眉毛も濃いめでした？

夢月　そう。眉はちょっと長めにして、パープルっぽい色みにしてみたの。恵里ちゃんに前会ったときには髪が黒だったけど、ブラウンに変わっていたからビックリ！　実は、今回のメイクは黒髪想定で考えていたのだけど、偶然にも全部のメイクと髪色がマッチしていて、勝手に感動していました（笑）。

——メイクやヘアセットによって千葉さんの雰囲気はすごく変わりますよね。

夢月　全部前髪の雰囲気を変えてみました。

千葉　私はアイドルのときは毎回決まった束感のある前髪なんです。自分でヘアセットするのですが、自分が納得いくまで何回もやり直したりして、30分くらい格闘することもあります。夢月さんにヘアメイクしていただくときは、広告のお仕事や雑誌の撮影だったりするので、アイドルとはまた違う髪形にしていただけてうれしいですね。アイドルのときには挑戦できなかった髪形でかわいくしていただけるので、すごく新しい発見があります。儚げ系アイドルメイクでやっていただいた流し前髪もずっとやってみたかったんです。いつも担当してくれているメイクさんに、「こういう前髪やりたいです」って自撮り写真を即送りました！

**アイラインの引き方を変えるだけで
こんなに変わるんだ、
という発見もありました。**

――by千葉

――何度もメイクをしているかもしれませんが、あらためて今回、夢月さんは千葉さんをメイクしてみて、どうでしたか？

夢月　恵里ちゃんはお肌もつるつるだし、目もクリクリだし、鼻も口もチュンとしてベビーフェイスだから、黒髪だとキュートなドール感があるのですが、髪がブラウンになって、一気に女優っぽくなった感じがしました。それが私的には新鮮でした。新しい恵里ちゃんを引き出せたかなって思います。

――千葉さんが夢月さんからアドバイスしてほしいところはありますか？

千葉　あります！　私、ノーズシャドウを入れるのがめっちゃ苦手です。どこにどう入れたらいいかがわかんないんですよ。でも、やっているかやっていないかで全然違うので、自己流でとりあえず入れてみようみたいな感じで……。

夢月　ノーズシャドウって誰もやり方を教えてくれないから自己流でやる子が多いんだけど、失敗するといちばんまずい部分だと思うんです。間違ったシャドウの入れ方をすると鼻が曲がって見えたり、細くつくりすぎると鼻先が大きく見えたり、鼻根に入れすぎると目が奥まって見えちゃうし、濃くつくりすぎるとシェーディングがバレバレ。失敗するとかなり最悪なんです。でも、入れるのと入れないのを比べると、写真写りもだいぶ変わります。

　今回、基本のアイドルメイクでシェーディングとハイライトの入れ方をきちんとご紹介しているので、皆さんにも参考にしてほしいところです。

千葉　わぁ、楽しみ♪　私もきちんと読んで勉強しますね！

髪がブラウンになって一気に女優っぽくなった感じ。

――by夢月

――では、最後に。今回4パターンのメイクを千葉さんに施して、夢月さんいかがでしたか？

夢月　毎回、お仕事で一緒になるときにはコンセプトが決まっていることが多いので、今回のメイクは恵里ちゃんにやってみたかったことをすべてかなえられたと思います。個人的には儚げ系アイドルメイクがすごくよかったなと思っていて、ナチュラルだけどつくり込んだメイクで、ピュアで天使っぽい感じがきちんと表現できたと思います。

恵里ちゃんは髪がキレイだからストンとおろして、そこに前髪があると幼く見えるからちょっと流して。あと、清楚系アイドルメイクは大人かわいい雑誌系のオシャレな感じになりましたよね。これまでの恵里ちゃんとのお仕事だと、大人っぽいに振ることがあまりなかったので、大人系アイドルメイクも楽しかったです。大人かわいい&カッコいい新しい恵里ちゃんの一面を見せられたと思います。あと、私はアイドルのステージメイクを恵里ちゃんにやったことがなかったんです。ずっとかわいいと思っていたアイドルに、自分のバチバチのアイドルメイクができたので、それもやりがいがありました。

千葉　私は夢月さんのメイクの大ファンなので、今回、夢月さんのメイク本で撮影していただけて、本当に役得でした。ありがとうございました♪

夢月　こちらこそ、わざわざありがとう♡　今後ともよろしくお願いします！

夢月さんのメイクの大ファンなので本当に役得でした♡

――by千葉

アイドルにはいろんな容貌があります。
凛とした正統派、守りたくなる儚げな雰囲気、
大人っぽい表情を見せるときも。

くるくる変わる変幻自在さもアイドルの魅力。
基本のアイドルメイクをちょっと変えるだけで
あなたの「なりたい」をかなえましょう！

清楚系
アイドルメイク

▸ P66

儚げ系
アイドルメイク

▸ P74

大人系
アイドルメイク

▸ P82

清楚系　トップス11,800円／Treat ürself
儚げ系　トップス10,880円／épine、コンビネゾン9,890円/BONNE
大人系　スカート8,640円／Treat ürself

Chapter 2

なりたいをかなえるアイドルメイク

Make wishes come true

正統派のかわいさを時短でかなえる

清楚系アイドルメイク

好感度バツグンの清楚系アイドル。
アイドルのかわいらしさと、品のあるキレイさがポイントです。
基本のアイドルメイクのいいところをギュッと凝縮させて
シンプルに時短で仕上げるのが、清楚系アイドルメイクです。
普段にも使いやすいメイクなので
通学や通勤、友達と会うときなどにもオススメです。

Point 1
時短なのにかわいい

ステージメイクの工程を短縮しているので、忙しい朝でも時短で仕上がるお手軽メイク。ステージメイクのポイントである完全無欠の肌やきゅるるん目はバッチリ押さえています♪

Point 2
トーンを落として上品美人

アイシャドウやチークの色などのトーンを落とすことで、品のあるキレイさを演出。普段の生活でも"目立ちすぎないけれど盛れている"、夢月メイクの真骨頂！

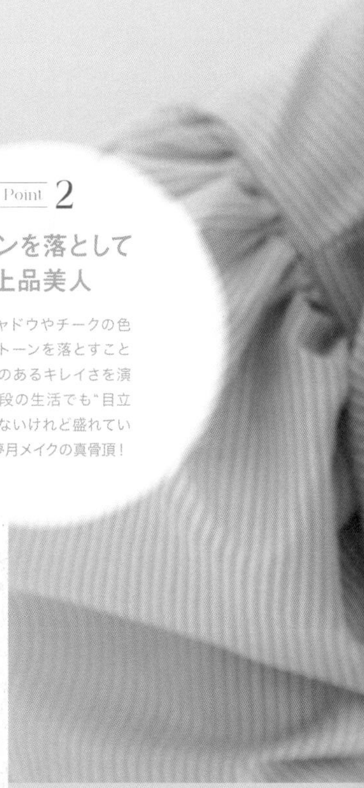

1 ベース下地を塗る

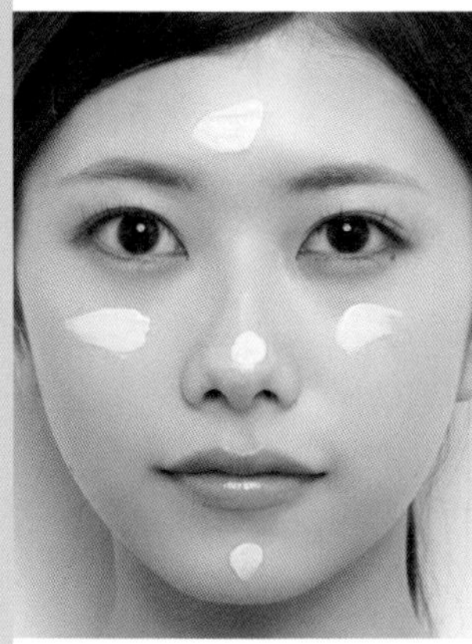

ベース下地をおでこ、鼻、ほお、あごにのせて、指で軽くのばしたあと、ハウス型スポンジを使ってなじませる。顔の中心、高い位置から塗っていく。

USE IT

インテンシブ セラム ラディアンス プライマー SPF25 PA++ 40ml 7,150円／ボビイ ブラウン　ナチュラルなトーンアップとスキンケア効果で、フレッシュで健康的な明るい肌印象をかなえる。

マツモトキヨシ BEAUTY MAKE－UP SPONGEハウス型／私物　やわらかなラバースポンジ。面や角、厚みと弾力で、ベースメイクをムラなく仕上げる。

2 コントロールカラー下地を塗る

コントロールカラー下地をブラシでのせて薄くのばしたあと、ハウス型スポンジでなじませる。❶で塗った部分よりも狭い範囲でOK。小鼻や口周りなどくすみやすい部分にものばしていく。

USE IT

プリズム・リーブル・スキンケアリング・コレクター ブルー　4,620円／パルファム ジバンシイ［LVMHフレグランスブランズ］光のプリズムを再現するように、透明感とトーンアップをかなえる水色のコントロールカラー。

#190 ファンデーション ブラシ　6,930円／M・A・C　リキッドやクリームファンデーションをムラなく自然に仕上げる。コシのある合成毛を使用。

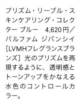

マツモトキヨシ BEAUTY MAKE－UP SPONGEハウス型／私物

3 リキッドファンデーションON

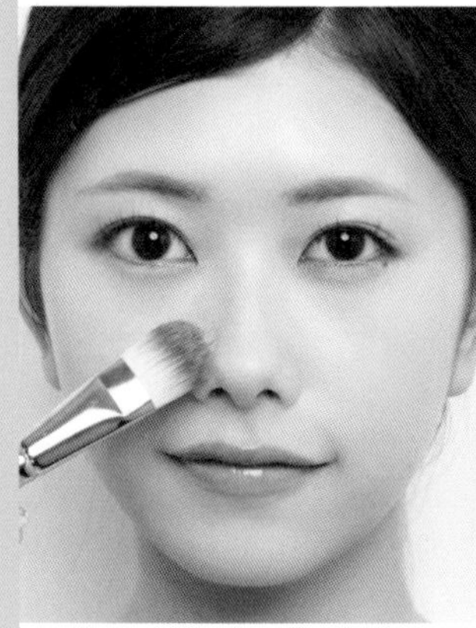

リキッドファンデーションをのせ、ブラシで顔全体にのばしていく。サラリとした涼しげで凛とした印象に仕上がる。

USE IT

リキッド ファウンデイションe 101 25ml　4,950円／イプサ　毛穴や色ムラなどをカバーし、自然な透明感あふれる肌を実現するファンデーション。

#190 ファンデーション ブラシ　6,930円／M・A・C

4
プレストパウダーON

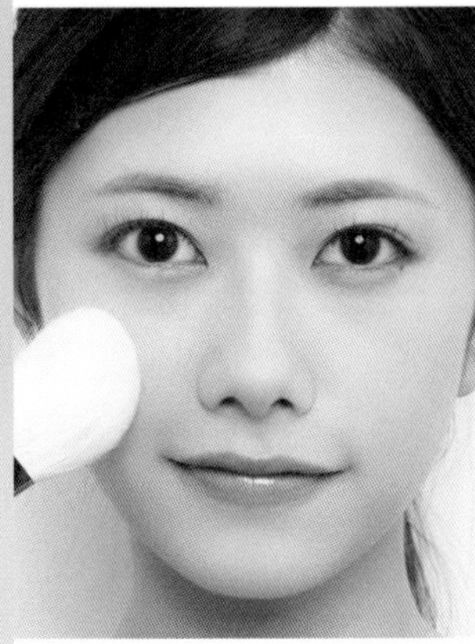

顔全体にプレストパウダーを重ねる。ツヤっぽく華やかな肌に仕上がる。

USE IT

AQ オーラ リフレクター 02 light mix（パフ、ブラシがセット）11,000円／コスメデコルテ　6色のパウダーが多彩なコントロール機能を演出し、上品なツヤと透明感をかなえる。

Eve310　8,800円／アンシブラシ　最高ランクの山羊毛だけを集め、極上のふわふわ感を実現。ムラのない肌に仕上げてくれる。

5
コンシーラーでくすみ解消

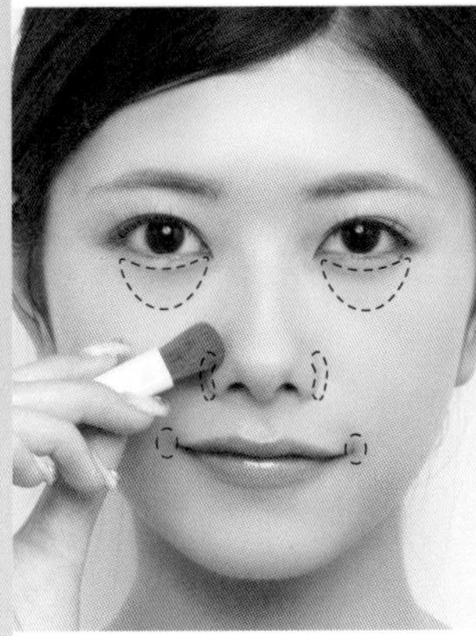

パウダータイプのコンシーラーを小鼻や口角などくすみやすい部分やシミにのせる。付属のブラシを使用する。

USE IT

ディエム クルール カラーブレンド パウダーコンシーラー　5,280円／ポーラ　パウダー状の虹色コンシーラー。白・黄・オレンジ・ブルー・ピンクを混ぜてコンシーラー、ピンク単色でチークとしても使える。

6
アイブロウパウダー&眉マスカラ

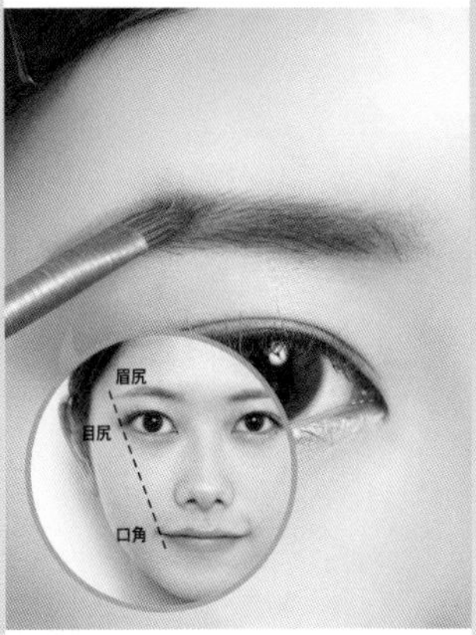

眉毛にアイブロウパウダーをのせ、毛流れを整えながら、眉マスカラでナチュラル眉をつくっていく。

USE IT

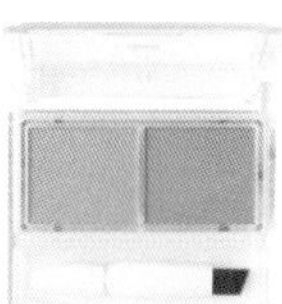

パウダリーアイブロウ P1 ソフトブラウン 528円／セザンヌ化粧品　濃淡2色でふんわり自然な眉毛を描ける眉パウダー。淡色は眉全体に、濃色は眉尻に。

キャンメイク スマートミニアイブロウカラー 02 やわらかアッシュ 660円／井田ラボラトリーズ　地肌につきにくく、眉毛1本1本をコーティング。やさしくなじむアッシュブラウンカラー。

7
まぶたと目の下にアイシャドウ

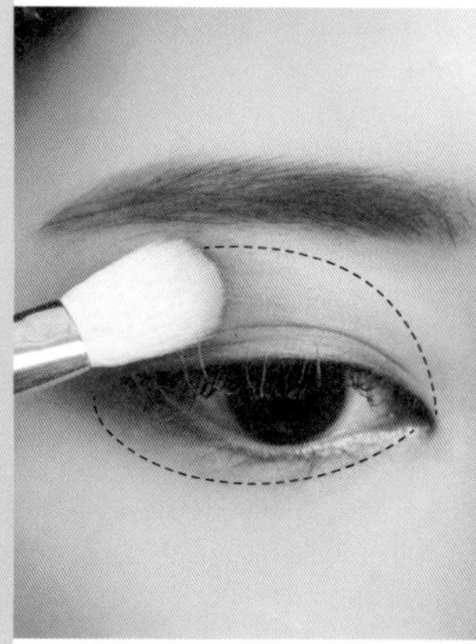

２色を混ぜたアイシャドウをまぶたと目の下に、ブラシで入れていく。

USE IT

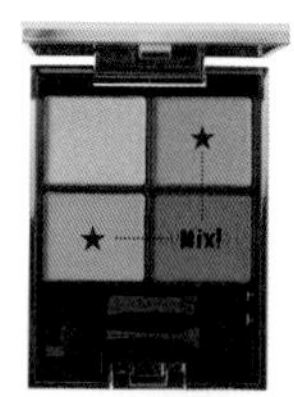

ルナソル　アイカラーレーション 19 Mahogany　6,820円／LUNASOL（カネボウ化粧品）あたたかみのある赤みブラウン～ベージュが立体感とニュアンスのある目元を演出する。

#217S ブレンディング ブラシ 4,290円／M・A・C　やわらかく毛の密度が高いオーバル状のブラシ。目元に陰影をつけたりぼかしたりするのにピッタリ。

8
目の下にコンシーラーペンシルを

コンシーラーペンシルを目の下に細めに入れ、指でぼかしていく。

USE IT

アイホリック コンシーラーペンシル ピンクベージュ　1,540円／BCL　コンシーラーペンシルで立体感を、薄ブラウンのリキッドライナーで自然な影をプラス。

9
明るいアイシャドウを涙袋に

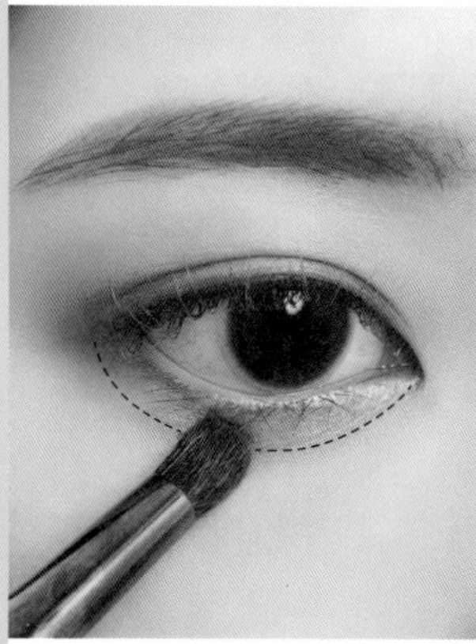

少し明るめカラーのアイシャドウをブラシで涙袋に重ねる。ナチュラルでうるんだ目元に。

USE IT

ルナソル　アイカラーレーション 19 Mahogany　6,820円／LUNASOL（カネボウ化粧品）

ebony21　1,880円／アンシブラシ　小さな円筒形の「涙袋作成用アイシャドウブラシ」。希少なリス毛を使用し製作。

10 まつ毛と目のキワの間を埋める

まつ毛をビューラーで上げてから、まつ毛の下からまつ毛と目のキワの間をペンシルライナーで埋めていく。そのままの状態で描きづらい人は、まぶたを指で上げて描いて。

USE IT

ヒロインメイク ソフトディファイン クリームペンシル 02 ヘーゼルブラウン 1,320円／KISSME（伊勢半） 瞳になじむブラウンで、瞳が自然に引き立つアイライナー。なめらかな芯で肌あたりやわらか。

11 アイシャドウでアイラインを引く

アイシャドウの濃いめカラーでアイラインを引く。細めの線で長めに描く。ペンシルやリキッドのアイラインよりぼやけるので、やさしげな印象の目元に。

USE IT

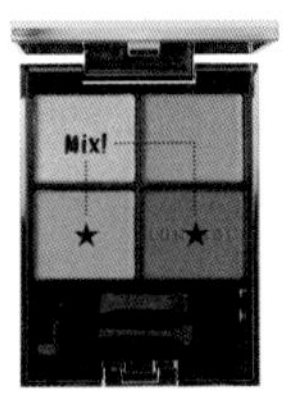

ルナソル アイカラーレーション 19 Mahogany 6,820円／LUNASOL（カネボウ化粧品）

ブラシ／私物

12 目尻の下に三角形をつくる

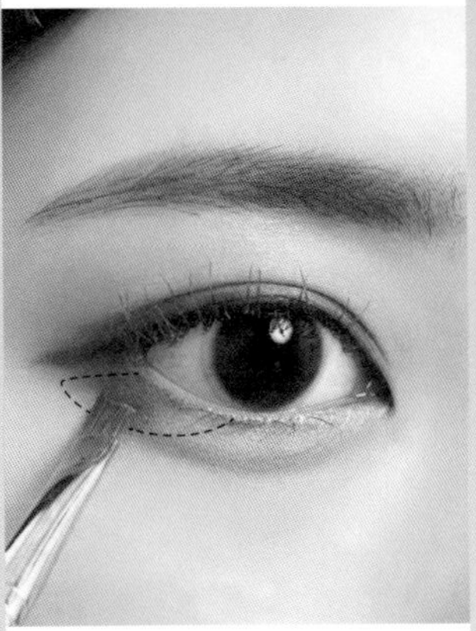

２色を混ぜたアイシャドウで三角形をつくる。三角形とアイラインの間は少しあけておくように。

USE IT

ルナソル アイカラーレーション 19 Mahogany 6,820円／LUNASOL（カネボウ化粧品）

ブラシ／私物

13 まぶたにラメをのせる

ラメ入りアイシャドウをブラシでまぶたにのせる。まぶたの真ん中にのせてからワイパーのように横にブラシを動かす。グリッターと違い、ラメ入りのアイシャドウはくずれにくいのでオススメ。

USE IT

マジョリカ マジョルカ シャドーカスタマイズ（フローティング）BR701 880円／資生堂　パールやラメ入りでグロッシーでまばゆく発色し、光の効果で目元が立体的に。

#217S ブレンディング ブラシ 4,290円／M・A・C

14 目の下にもラメをのせる

⑬と同じラメ入りアイシャドウを目頭から黒目の外側までのせる。より目元のうるみ感がアップ。

USE IT

マジョリカ マジョルカ シャドーカスタマイズ（フローティング）BR701 880円／資生堂

ebony21　1,880円／アンシブラシ

15 マスカラを塗る

マスカラをまつ毛に対して横に当て、左右に動かしながら、上に抜けるように動かす。細めのマスカラなので、まぶたにつきにくく、ダマにもなりにくい。

USE IT

ヒロインメイク マイクロマスカラ アドバンストフィルム 01 漆黒ブラック　1,320円／KISSME（伊勢半）目頭や目尻、下まつ毛、短いうぶ毛まで根こそぎキャッチし、美しいロング＆カールまつ毛に。

16 チークをのせる

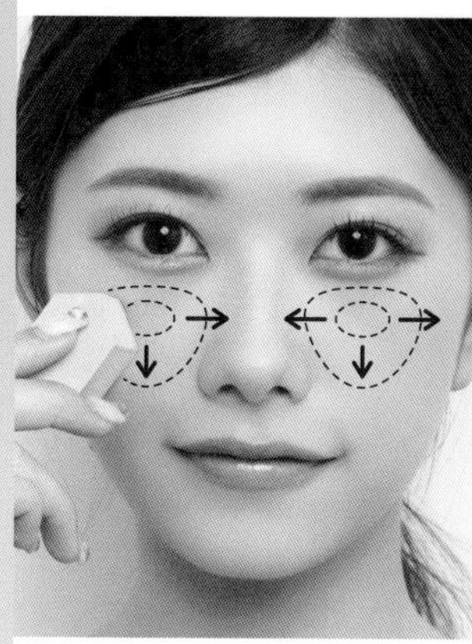

チークをハウス型スポンジでのせる。最初にほおの上部にのせ、広げてなじませる。

USE IT

ポット ルージュ オール ヌード コレクション 42 ローズ　5,280円／ボビイ ブラウン　リップにもチークにも使えるマルチアイテム。シックな印象になるローズカラー。

マツモトキヨシ BEAUTY MAKE－UP SPONGEハウス型／私物

17 ハイライトを入れる

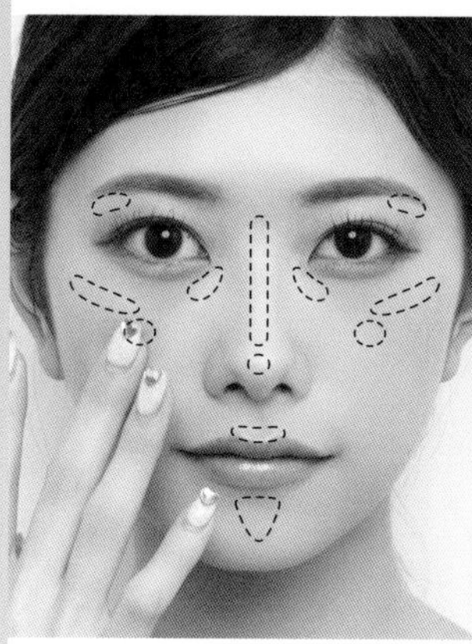

鼻筋、鼻先、目頭、眉下、ほお骨の上、ほお中央、唇の山の上、あごにクリームハイライトをつけ、指でトントンとたたいてなじませる。

USE IT

ミネラルラディアントスキンバーム　4.8g　4,400円／エトヴォス　ナチュラルな光とツヤで立体感を演出する、美容成分たっぷりのハイライトバーム。

18 リップをグラデーションさせる

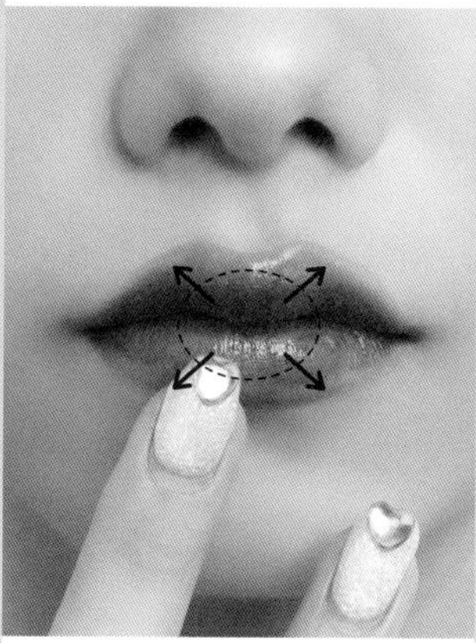

リップを唇の中央にのせ、指を使って中心からグラデーションになるようにぼかして広げていく。

USE IT

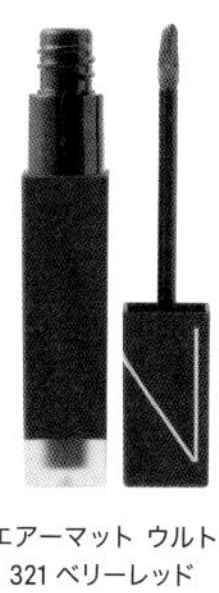

NARS エアーマット ウルトラリップティント 321 ベリーレッド　4,070円／NARS JAPAN　マットで美しい仕上がりを長時間キープする新感覚リップティント。なめらかで高発色。

透明感のある色素薄い系ガール

儚げ系アイドルメイク

天使のような透明感がほしいときは「儚げ系アイドルメイク」。
色みを抑えてすっぴんっぽく、
メイクをしていない感は一切ナシ！
細やかなテクニックを使い、絶妙なバランスでしっかりつくり込むからこそ
実は盛れているのが、ナチュラルアイドルメイク。
おうちデートで近距離になっても大丈夫。
お泊まりや学校などでコスメをたくさん持っていけないときでも、
少ないアイテムでササッと仕上げることができます。

Point 1
水分たっぷりのツヤ感を意識

肌が水分を含んでいるような健康的であどけない感じを出したいため、ベースからツヤ感を仕込んでいきます。しかも、色みを抑えている分、立体感が出やすくなります。クリームチークを使ったり、涙袋にもハイライトを入れたりなど、細やかなテクニックが満載！

Point 2
ホワイトカラーを上手に利用

アイシャドウやチークなどは、白みを1滴たらしたようなミルク感のあるカラーをチョイス。ほんのり白っぽいのが、透明感のある儚げな印象を演出するコツです。

1

毛穴を埋める プライマーを塗る

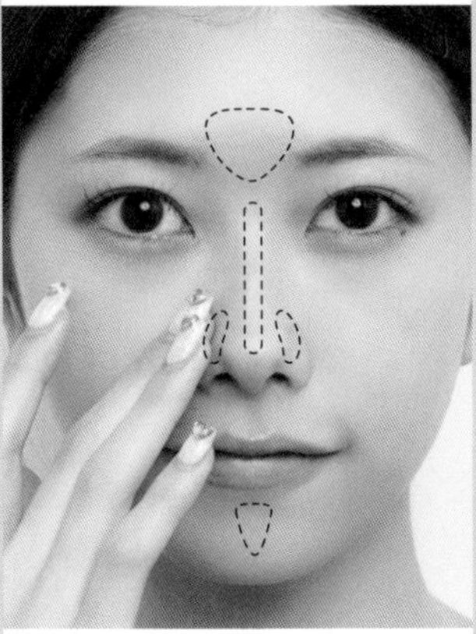

毛穴が気になる部分に指でプライマーを塗る。小鼻などに指でくるくるとなじませていく。毛穴の凹凸をぼかしてサラサラの質感になり、なめらかに。

USE IT

ラディアント タッチ ブラープライマー　30ml　7,370円／イヴ・サンローラン・ボーテ　肌に光とツヤを与え、毛穴を隠して均一でなめらかに整えるメイクアップベース。

2

トーンアップ 下地を塗る

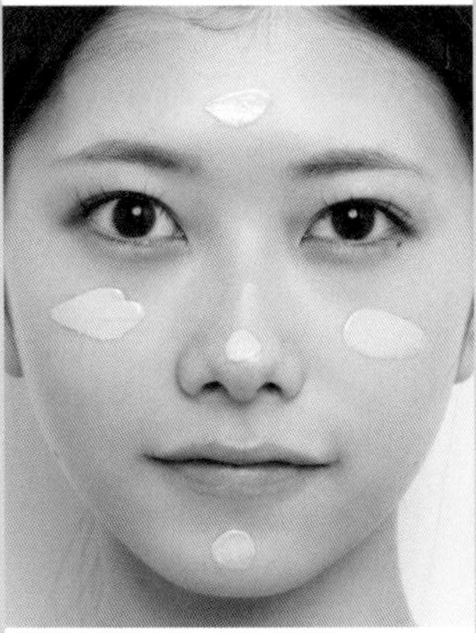

トーンアップ下地を顔全体に指でのばして塗り、ハウス型スポンジで肌になじませる。肌色を整えて透明感のある肌に。肌の調子がよければ、ベースはこれだけでもOK。

USE IT

サンシェルター マルチ プロテクション トーンアップCC　01 ライト ベージュ SPF50+ PA++++ 35g　3,300円／コスメデコルテ　肌の色を整えるカバー力と光に反射しているような明るさが出て透明感のある肌に。

マツモトキヨシ BEAUTY MAKE－UP SPONGEハウス型／私物　やわらかなラバースポンジ。面や角、厚みと弾力で、ベースメイクをムラなく仕上げる。

3

クッション ファンデーション でツヤをプラス

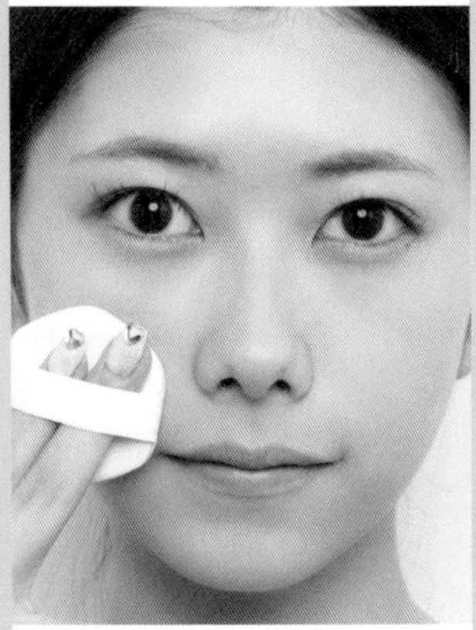

クッションファンデーションを、付属のスポンジを使ってやさしくたたき込む。内側から水分があふれるような肌に。

USE IT

ミシャ グロウ クッション ライト No.21N　2,640円／ミシャジャパン　ナチュラルな水ツヤ肌の輝きが続くクッションファンデーション。みずみずしく軽い密着感。

4

ナチュラル質感 パウダーON

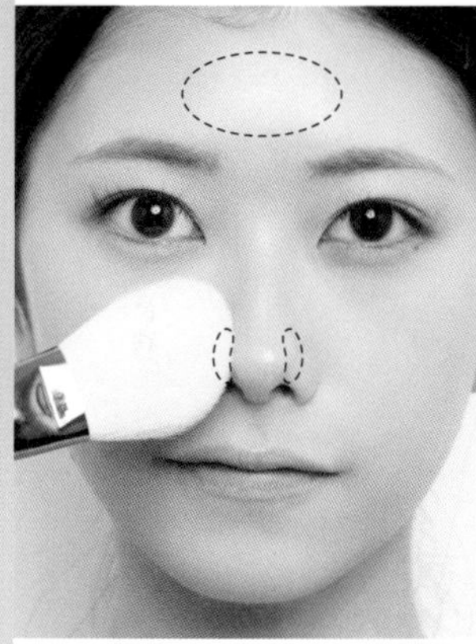

❸のクッションファンデーションのツヤ感を残したいので、テカりやすい部分のみ（小鼻やおでこなど）にフワッとパウダーをのせる。このひと手間が繊細そうな肌に仕上げるコツ。

USE IT

キャンメイク シークレットビューティーパウダー 01クリア 935円／井田ラボラトリーズ 肌の欠点をぼかし、なめらかに整ったキレイな素肌を演出。透明感のあるピュア肌に。

Eve310 8,800円／アンシブラシ 最高ランクの山羊毛だけを集め、極上のふわふわ感を実現。ムラのない肌に仕上げてくれる。

5

眉毛にアイブロウ パウダーON

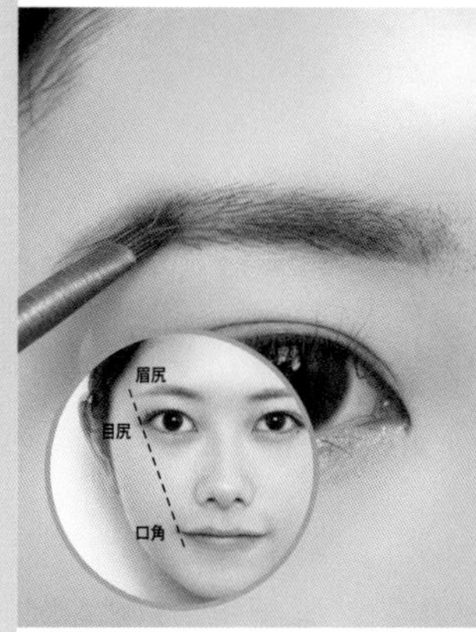

眉毛に薄い色のアイブロウパウダーをのせる。口角から目尻の延長線上に眉尻がくるようにすると、短めの眉に仕上がる。眉色を薄くすることが儚げのポイント。

USE IT

パウダリーアイブロウ P1 ソフトブラウン 528円／セザンヌ化粧品 濃淡2色でふんわり自然な眉毛を描ける眉パウダー。淡色は眉全体に、濃色は眉尻に。

ブラシ／私物

6

リキッドアイブロウで 不足眉を補強

眉尻や眉毛が足りていない部分にのみ、リキッドアイブロウを使って眉毛を描き足す。1本ずつ細めにていねいに描いていく。

USE IT

エクセル ロングラスティングアイブロウ LT01 ナチュラルブラウン 1,540円／エクセル（常盤薬品工業） 薄づきリキッドと立体感パウダーの2 in 1。汗・皮脂・水でにじまず、長時間キープ。

7

眉マスカラON

毛流れを整えながら、ナチュラル眉をつくっていく。

USE IT

キャンメイク スマートミニアイブロウカラー 02 やわらかアッシュ　660円／井田ラボラトリーズ　地肌につきにくく、眉毛1本1本をコーティング。やさしくなじむアッシュブラウンカラー。

8

マットなアイシャドウをまぶたに

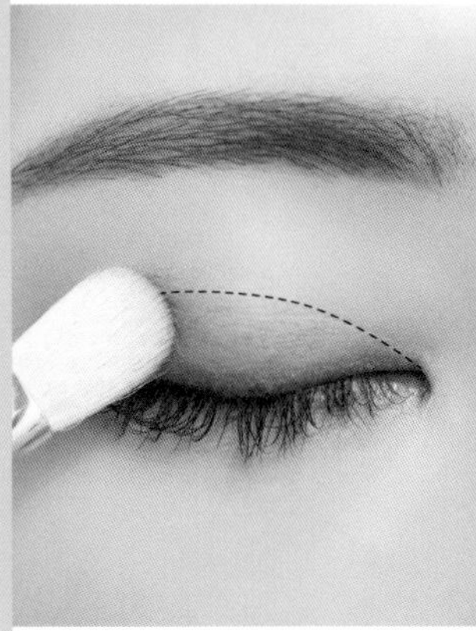

マットなアイシャドウをまぶたに塗る。範囲は少し狭めで、陰影がつく程度に薄く。

USE IT

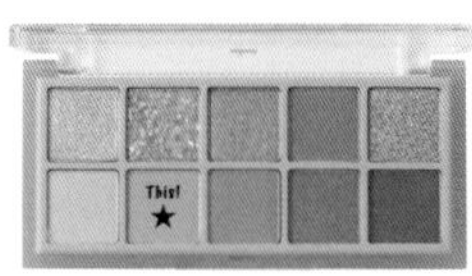

ベターザンパレット 02 MAHOGANY GARDEN　3,190円／ロムアンド　10色の陰影パレット。密着度が高いマットカラーと、しっとりしたグリッターの組み合わせ。

#217S ブレンディング ブラシ 4,290円／M・A・C　やわらかく毛の密度が高いオーバル状のブラシ。目元に陰影をつけたりぼかしたりするのにピッタリ。

9

涙袋にもマットなアイシャドウを

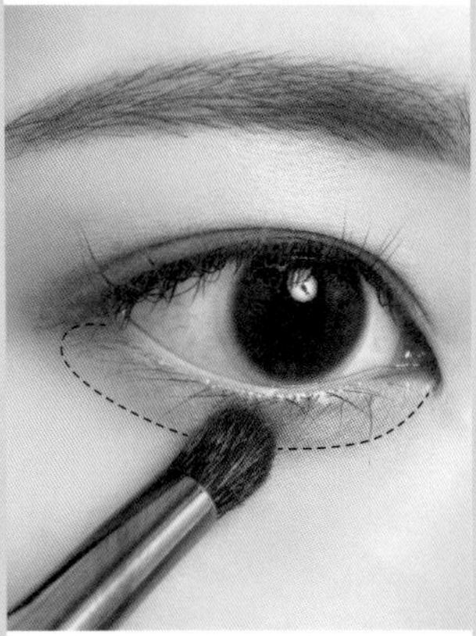

⑧と同じカラーを涙袋全体に薄く塗る。

USE IT

ベターザンパレット 02 MAHOGANY GARDEN　3,190円／ロムアンド

ebony21　1,880円／アンシブラシ　小さな円筒形のブラシで「涙袋作成用アイシャドウブラシ」。希少なリス毛を使用し製作。

10 涙袋にハイライトカラー

涙袋に細くハイライトカラーを入れる。立体感を意識しながら、しっかりめに塗る。

USE IT

ベターザンパレット 02 MAHOGANY GARDEN　3,190円／ロムアンド

1,800 円 ／ okhee #NUN08 Under Eye Brush　1,800円／SOO ADOR（BeautiTopping 公式 Qoo10店）　活用度の高い涙袋ブラシ。涙袋にピッタリサイズで使いやすい。

11 まつ毛と目のキワの間を埋める

まつ毛の下からまつ毛と目のキワの間をペンシルライナーで埋めていく。

USE IT

ヒロインメイク ソフトディファイン クリームペンシル 02 ヘーゼルブラウン　1,320円／KISSME（伊勢半）　瞳になじむブラウンで目元が自然に引き立つ。なめらかな芯で肌あたりやわらか。

12 たれ目ぎみにアイラインを引く

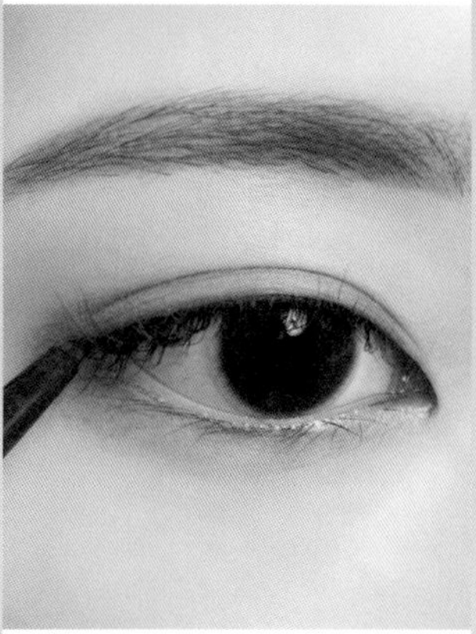

⑪と同じペンシルライナーを使い、目のカーブに合わせて、少したれ目になるようにアイラインを引く。守ってあげたくなる雰囲気を演出。

USE IT

ヒロインメイク ソフトディファイン クリームペンシル 02 ヘーゼルブラウン　1,320円／KISSME（伊勢半）

13
ブラウンアイシャドウで目尻にアイラインを

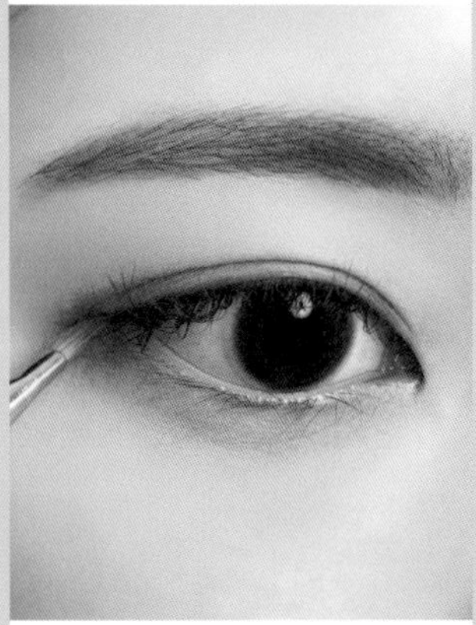

ブラウンアイシャドウを細いブラシにとり、目尻にのみアイラインをプラス。たれ目を意識して。

USE IT

ベターザンパレット 02 MAHOGANY GARDEN　3,190円／ロムアンド

ブラシ／私物

14
涙袋と目尻に影をつくる

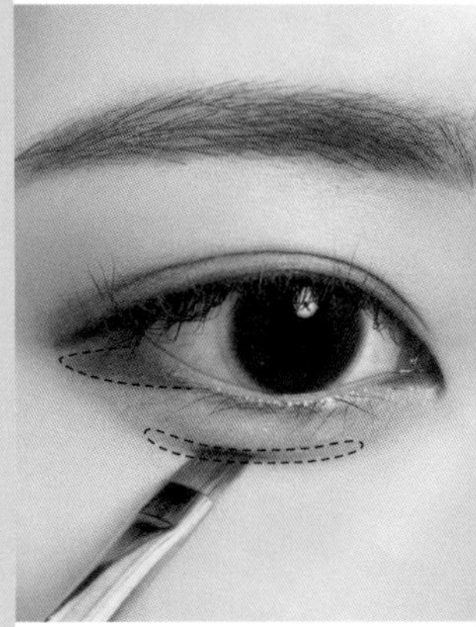

ベージュのアイシャドウを使い、涙袋の下に細めの線を引き、影をつくる。同じアイシャドウで目尻にも三角形を描き、影をつくる。

USE IT

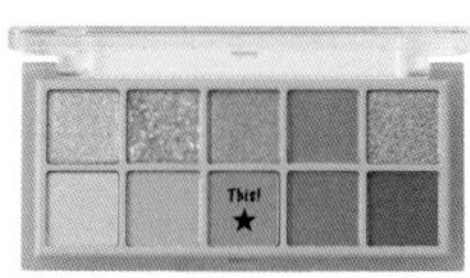

ベターザンパレット 02 MAHOGANY GARDEN　3,190円／ロムアンド

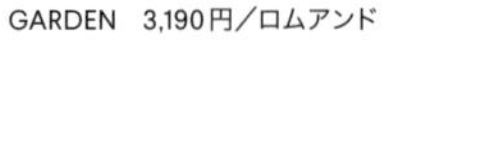

ブラシ／私物

15
まつ毛にマスカラを塗る

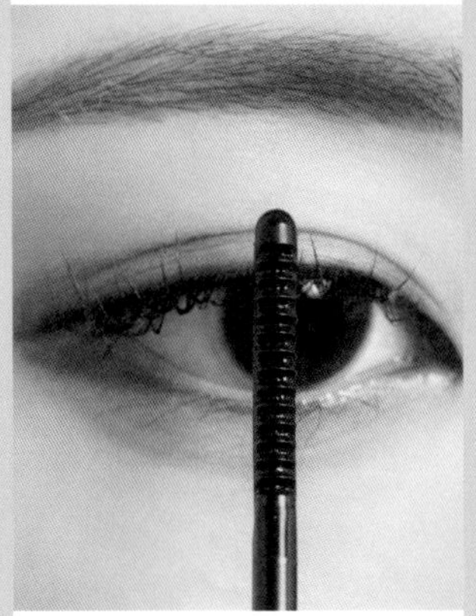

まつ毛をビューラーで上げてから、マスカラを塗る。最初にマスカラを横にしてまつ毛全体に塗ったあと、束感をつくるために縦塗りする。

USE IT

キングダム 束感カールマスカラ クリアブラック　1,760円／キューティス　コーム部分でまつ毛をコーティングして、コイル部分で束感まつ毛に仕上げるマスカラ。

16

ホットビューラーでまつ毛をさらにUP

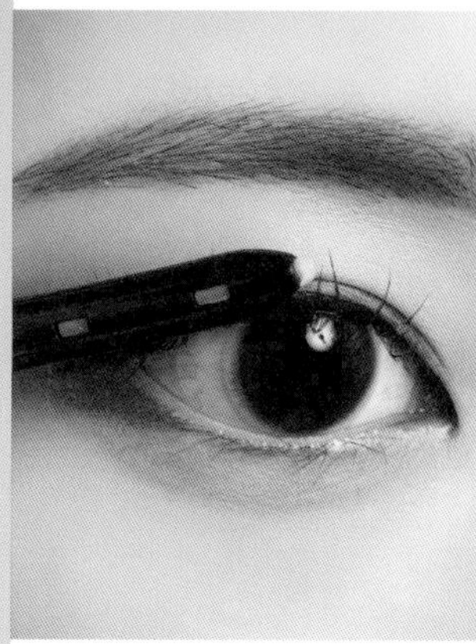

ホットビューラーをまつ毛の下から当てて、さらにまつ毛を上向きに。ポイントはまずまつ毛の根元に2秒ほど当てて、スッと上げていくこと。

USE IT

ホットアイラッシュ・カーラー　2,932円／ハリウッドアイズ（グッズマン）
短いまつ毛まで美しくカールできるコーム型のアイラッシュカーラー。高性能特殊ICチップ内蔵で、カールに最適な温度をキープ。

17

チークをのせる

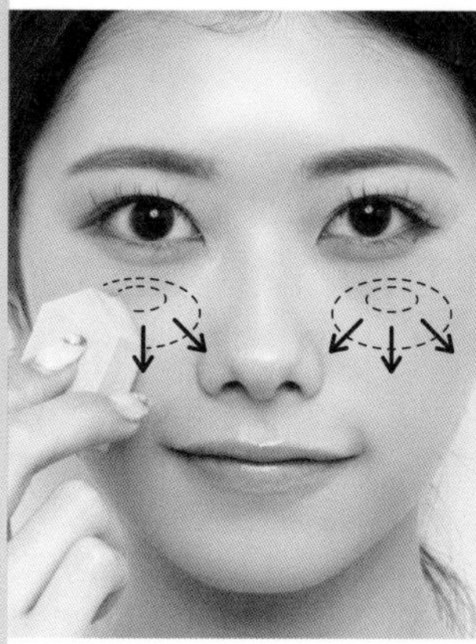

クリームチークをほおの少し高い部分にのせる。軽くたたくように、ポンポンと細かくのせていく。❷のトーンアップ下地を塗ったときに使ったスポンジで塗ると、肌なじみが◎。

USE IT

ポット ルージュ 06 パウダーピンク　5,280円／ボビイ ブラウン
ほんのり上気したような血色感を与え、シアーでつややかな表情に。リップにもチークにも使える。

マツモトキヨシ BEAUTY MAKEｰUP SPONGEハウス型／私物

18

血色UPリップで仕上げ

蜂蜜パックのような、リップクリームいらずの血色UPリップをほんのり薄く塗る。直塗りでOK。

USE IT

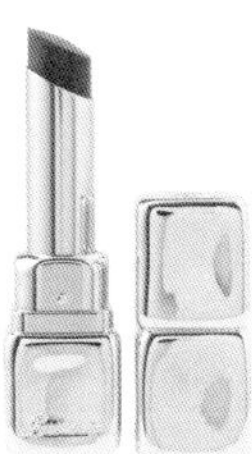

キスキス ビー グロウ 775 ポピーグロウ　4,730円／ゲラン　ツヤ蜜仕上げのハニーパックティント。とろけるような質感、美しいカラーのリップバーム。

Make wishes come true

子猫のようなツンデレ女子

大人系アイドル

大人っぽい×アイドルを夢月メイクで表現するとしたら
子猫のような甘辛キャットメイクです。
特にアイメイクで猫っぽさを出していくことが大切になります。
目尻をはね上げたアイラインで、気まぐれそうなキャットアイに。
ちょっと背伸びしたいとき、モード感を出したいときは
この大人系アイドルメイクでドキッとさせて！

Point 1
アイメイクで猫っぽさを出す

アイラインを太めに、目尻側をツンと上向きに描くことで、大人っぽい猫目をつくります。猫目と言えど、ブラックブラウンのリキッドアイライナーを使うので、そこまで強い印象にはなりません。

Point 2
ベージュの有効活用

ピンクやオレンジなどのかわいらしいカラーではなく、色みを落としたベージュを活用します。トーンを落としたメイクはグッと大人っぽい印象に仕上がります。

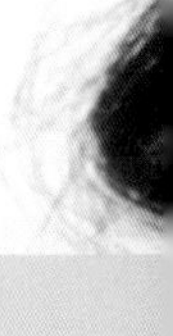

1 ツヤ下地を塗る

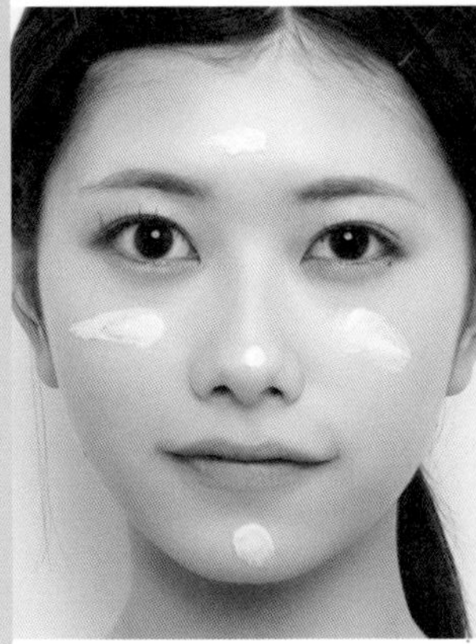

パープルのツヤ下地をおでこ、鼻先、ほお、あごにのせて指で軽くのばしたあと、ハウス型スポンジでなじませる。この下地を仕込むことで、メイクが白浮きせず、透明感がUP。

USE IT

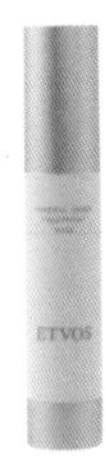

ミネラルインナートリートメントベース ラベンダーベージュ SPF31 PA+++ 25ml 4,950円／エトヴォス くすみを飛ばし、透明感をアップ。肌の土台を整えるスキンケア効果も。

マツモトキヨシ BEAUTY MAKE－UP SPONGEハウス型／私物 やわらかなラバースポンジ。面や角、厚みと弾力で、ベースメイクをムラなく仕上げる。

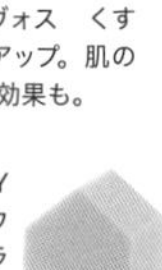

2 くすみ隠し下地を塗る

くすみを隠してくれる下地をおでこ、鼻、ほお、あごにのせて、指で軽くのばしてから、ハウス型スポンジでなじませる。顔の中心、高い位置から塗るように。

USE IT

ディオールスキン フォーエヴァー グロウ ヴェール 7,150円／パルファン・クリスチャン・ディオール 24時間くずれないツヤ肌を仕込むグロウプライマー。一日中続く、くすみ知らずの美しい仕上がり。

マツモトキヨシ BEAUTY MAKE－UP SPONGEハウス型／私物

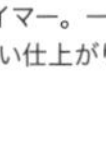

3 ファンデーションを温めながら広げる

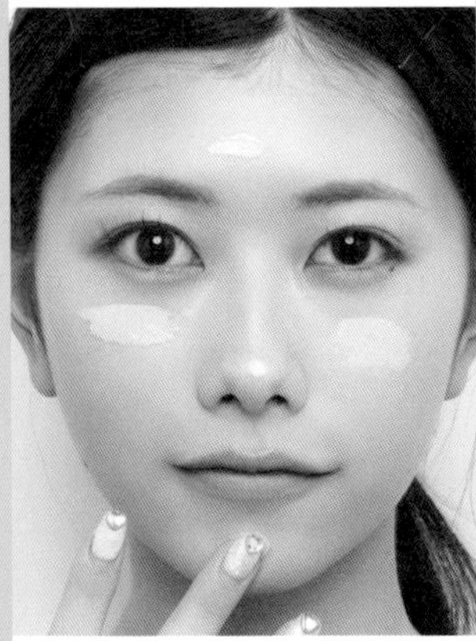

肌にツヤの出るファンデーションを手の温度を利用して温めながら広げていく。その後、ハウス型スポンジを使ってなじませる。

USE IT

カネボウ ライブリースキン ウエア ピンクオークルB 11,000円／KANEBO（カネボウインターナショナルDiv.）肌本来のツヤ、キメ、色を生かしたままカバーし、美しい素肌の質感を再現するファンデーション。

マツモトキヨシ BEAUTY MAKE－UP SPONGEハウス型／私物

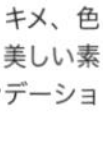

4

テカりやすい部分にパウダー ON

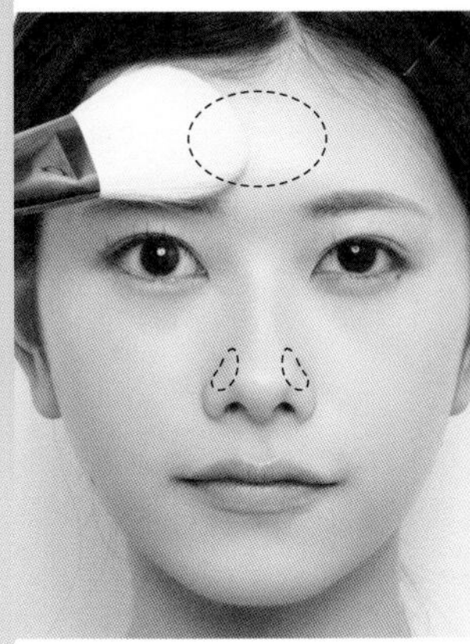

小鼻やおでこなどテカりやすい部分にのみパウダーをのせる。ツヤを失わない質感の粒子の細かいものを選んで。

USE IT

リュクス ラディアンス ルース パウダー 01ピュアグロウ　8,360円／ボビイ ブラウン　肌表面をなめらかに整え、ツヤとマットの絶妙なバランスの仕上がりをかなえるルースパウダー。

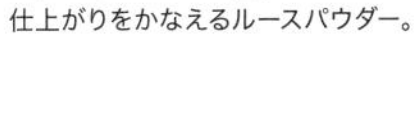

Eve310　8,800円／アンシブラシ　最高ランクの山羊毛だけを集め、極上のふわふわ感を実現。ムラのない肌に仕上げてくれる。

5

眉毛にパウダー ON

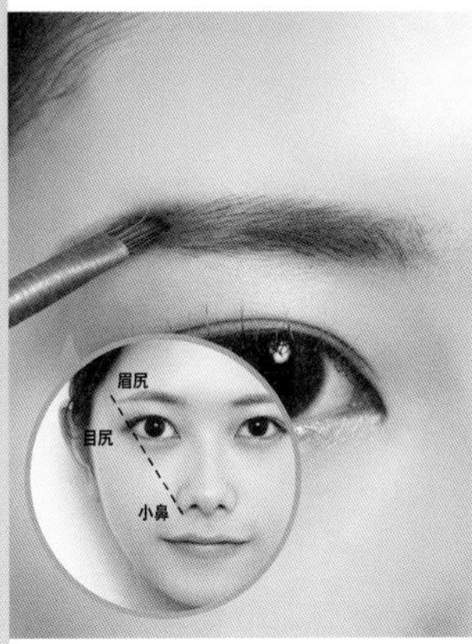

眉毛にアイブロウパウダーをのせる。眉尻を小鼻から目尻の延長線上にすると、ちょうどいい長めの眉に。ブラシを使って下の２色を混ぜたパウダーで眉頭から眉尻に向かって描き、眉尻側の延長線上の長めにのばした部分は一番上のパウダーで描く。

USE IT

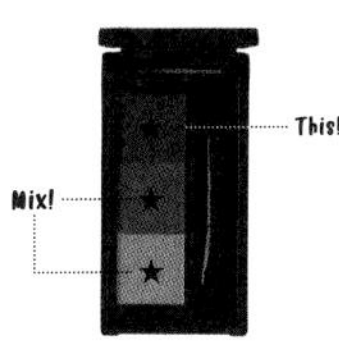

インディケイト アイブロウパウダー 03 パープルブラウン　3,850円／セルヴォーク　意志のある眉を描くことができるアイブロウパウダー。モードさも表現できる絶妙カラー。

Kumo Angled Eyebrow Brush／私物

6

アイブロウマスカラで整える

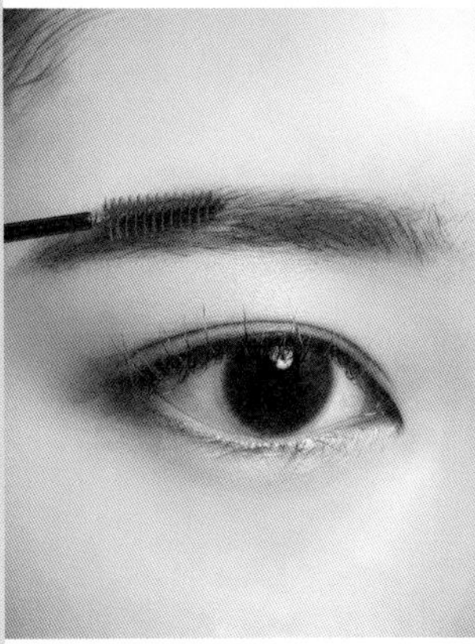

アイブロウマスカラで毛流れを整える。あたたかみのあるカラーならアイメイクの強さとバランスがとれる。

USE IT

デジャヴュ アイブロウカラー ピンクブラウン　880円／イミュ　ほのかな赤みと絶妙なくすみでニュアンスチェンジできるピンクブラウンカラー。

7 上まぶたと目の下にアイシャドウを入れる

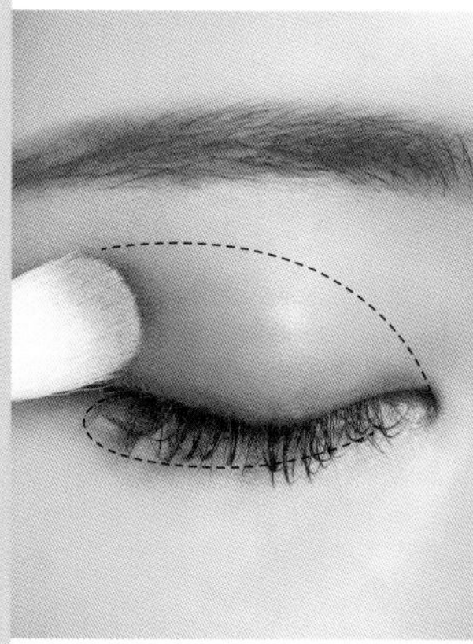

アイシャドウは左上を多めに2色を混ぜる。ブラシで目尻側を広めに塗っていく。目幅が広がり、シャープな猫目をつくりやすくなる。目の下にも少し薄めに入れていく。

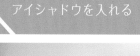

USE IT

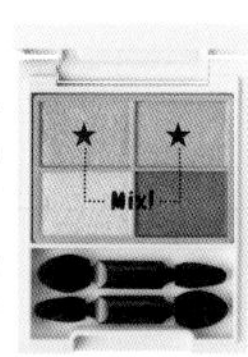

フォートーンズスタイリングアイズ ビターレッド 2,200円／オルビス 軽やかな陰影をかなえるベージュ+レッドのパレット。肌から浮かない絶妙なカラー。

#217S ブレンディング ブラシ 4,290円／M・A・C やわらかく毛の密度が高いオーバル状のブラシ。目元に陰影をつけたりぼかしたりするのにピッタリ。

ebony21 1,880円／アンシブラシ 小さな円筒形の「涙袋作成用アイシャドウブラシ」。希少なリス毛を使用し製作。

8 涙袋にハイライトカラーを入れる

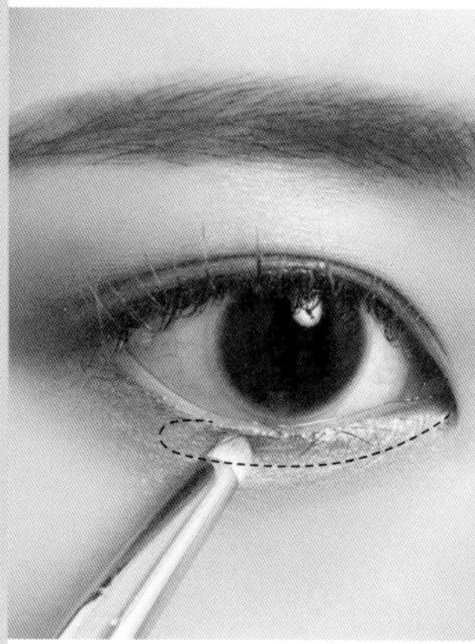

涙袋にハイライトカラーを入れる。目頭から黒目の外側くらいの範囲に描く。コンシーラーは使わず、ハイライトカラーのみを使う。

USE IT

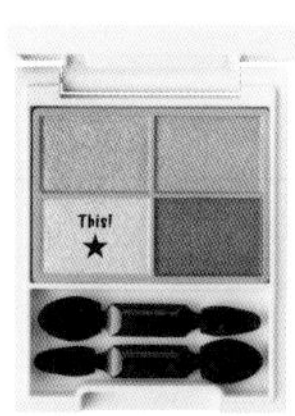

フォートーンズスタイリングアイズ
ビターレッド 2,200円／オルビス

okhee #NUN08 Under Eye Brush 1,800 円 ／ SOO ADOR（Beauti Topping 公式 Qoo10店） 活用度の高い涙袋ブラシ。涙袋にピッタリサイズで使いやすく、アンダーシャドウ、ラメシャドウ、グリッターなどにも◎。

9 目の下のキワを埋める

細いブラシを使って、目の下のキワに細い線を引く。このひと手間で、目が大きく見える効果が。

USE IT

フォートーンズスタイリングアイズ
ビターレッド 2,200円／オルビス

ブラシ／私物

10

目の下に三角形をつくる

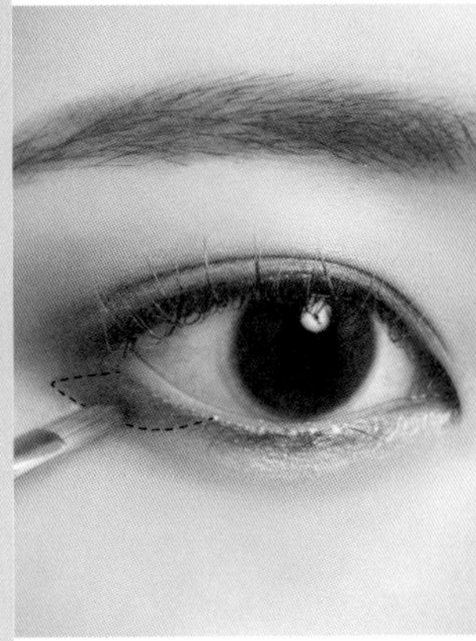

⑨のブラシで色は足さずに目の下に三角形を描く。⑨の線と三角形をつなげるように。

USE IT

フォートーンズスタイリングアイズ ビターレッド　2,200円／オルビス

ブラシ／私物

11

まつ毛と目のキワの間を埋める

リキッドアイライナーを使って、まつ毛の下からまつ毛と目のキワの間を埋める。その後、まつ毛の上のまぶたのキワに0.01mmほどの細い線を描く。

USE IT

デジャヴュ ラスティンファインE ショート筆リキッド ブラックブラウン　1,430円／イミュ　ブレずに安定して描きやすい極細ショート筆。深みのあるブラックブラウンカラー。

12

目尻にアイラインを引く

目尻のアイラインは目のカーブに沿って下げながら描き、目頭と目尻を結ぶ延長線上にぶつかったら、少しはね上げるように描く。

USE IT

デジャヴュ ラスティンファインE　ショート筆リキッド ブラックブラウン　1,430円／イミュ

13 アイシャドウでアイラインを強化

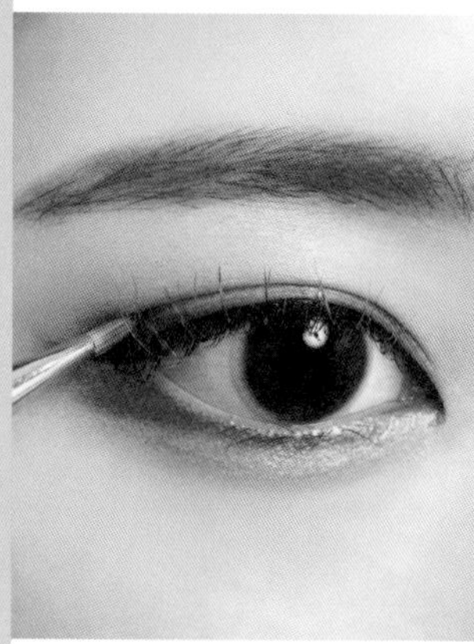

アイシャドウでアイラインをなぞって延長する。⑫のアイラインより少し太く長めにする。

USE IT

フォートーンズスタイリングアイズ ビターレッド　2,200円／オルビス

ブラシ／私物

14 マスカラを塗る

まつ毛にマスカラを塗る。マスカラをまつ毛に対して横に当て、左右に動かしながら、上に抜けるように動かす。細めのマスカラなので、まぶたにつきにくく、ダマにもなりにくい。

USE IT

ヒロインメイク　マイクロマスカラ アドバンストフィルム 01 漆黒ブラック　1,320円／KISSME（伊勢半）目頭や目尻、下まつ毛、短いうぶ毛まで根こそぎキャッチして、美しいロング＆カールまつ毛に。

15 チークをのせる

ベイクドタイプのかためのチークをブラシで丸く広めにのばす。塗る範囲はほおの上側を中心にして、甘さのバランスをとる。

USE IT

チーク ポップ 05 ヌード ポップ　4,180円／クリニーク　カラーレスメイクにピッタリの肌なじみのよいヌードカラーで自然な陰影を与える。

ANC103R　1,880円／アンシブラシ　ベイクドタイプ製法でつくられたチークを使うとき用のブラシ。馬毛で、肉眼で見たとおりの発色に。

16 パウダーハイライトをのせる

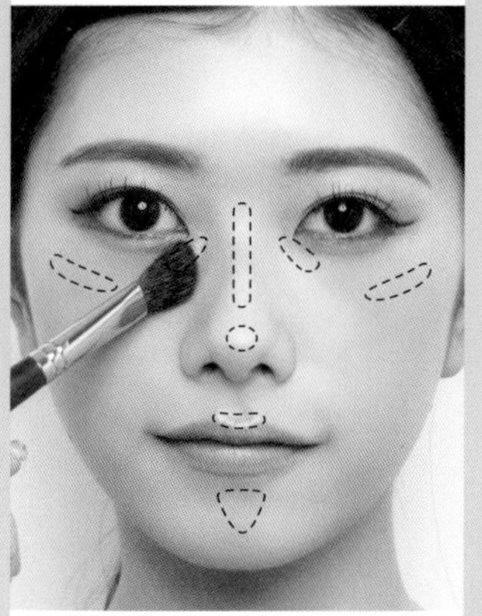

目頭から目の下（黒目）くらいの範囲、鼻筋、鼻先、ほお骨、唇の山の上、あごにパウダーハイライトをのせ、ブラシでなじませる。

USE IT

パールグロウハイライト 02 ロゼベージュ　660円／セザンヌ化粧品　高輝度のパールで発光したようなツヤ感に。くすみやクマを光で飛ばして肌を明るく。

ANC2002　2,780円／アンシブラシ「Ancciの天使ハイライトブラシ」。やさしく繊細でやわらかな肌ざわりのリス毛ブラシでハイライトを入れると、肌に生き生きとしたツヤ感をプラス。

17 淡いリップはオーバーぎみに

淡い色のリップはブラシを使って、唇の輪郭より少しオーバーぎみに塗る。

USE IT

ゼロマットリップスティック 23 RUDDY NUDE　1,320円／ロムアンド　軽いタッチ感ですぐに密着し、なめらかなしっとり感のあるリップ。

okhee #NUN04 Pencil Brush 1,800 円 ／ SOO ADOR（Beauti Topping 公式 Qoo10店）　水彩画のようなリップ表現、深さのある陰影シャドウなどに使える。

18 濃いめリップは中央に

濃いめリップを唇の中央にのせ、チップ部分で中心からふんわりぼかす。唇全体に塗るよりもツヤっぽく重くなりすぎず、ドール感を演出できる。

USE IT

ウォーターミスト リップティント R300 照れ屋なチューリップ　1,815円／COLORKEY（COLORKEY OFFICIAL Qoo10店）　マットなのに潤い感も。唇にじゅわっとなじむクールトーンのレッドピンクカラー。

きゅるるんアイドルEYEの必需品！

アイドルカラコン4つのルール

カラコンはアイドルメイクには欠かせないアイテムです。黒目が大きいと
“きゅるきゅる&うるうる”の目になれるので、よりかわいらしい印象を与えることができます。

メイクに合わせて雰囲気を変えられるので、「色」や「着色直径」が違うものを何種類か
持っておくといいと思います。カラコンの着色直径とは、レンズの色がついている部分のサイズのこと。
0.1mm刻みで、主に12.5mm ～ 14.6mmのサイズ展開があります。
レンズ自体の大きさを示すDIAとは別物です。

着色直径が大きければ、かわいく盛れるとはかぎりません。TPOに合わせて
ド派手なメイクをするときにはいいかもしれませんが、黒目部分が目立ちすぎて宇宙人のように
不自然な目になってしまうため、アイドルメイクには不向きです。

私は着色部分のフチがぼやけているナチュラルなものを選ぶようにしています。
色はブラウン、グレー、ブルーなど気分や用途に合わせて、
着色直径13.0mm ～ 13.8mmのカラコンを購入しています。

(Rule 1) 着色直径は13.0mm ～ 13.8mm

白目や黒目の大きさやバランスは人によって違うので一概には言えませんが、私がよく使うカラコンの
着色直径は13.0mm ～ 13.8mm。スタンダードなサイズなので、種類も多いです。
自分の目の比率を把握してから、着色直径を見て購入しましょう。

カラコンの直径とは？

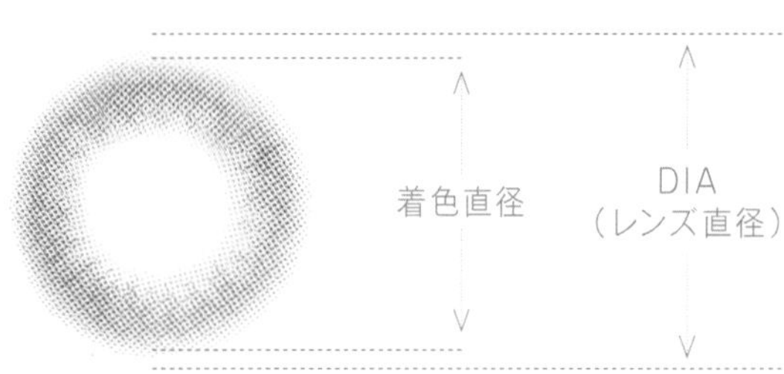

※日本人の黒目の大きさは約11.5 ～ 12.5㎜と言われています。

(Rule 2) 白目と黒目の黄金比率＝1：2：1

基本のアイドルメイクの白目と黒目の黄金比率は、1（白目）：2（黒目）：1（白目）。清楚系や儚げ系も同じです。
大人系アイドルメイクの場合は、1（白目）：1.5（黒目）：1（白目）。自然な目力が出るよう、
自分の目に対して大きすぎないものを選びましょう。オススメなのは、カラコン着用後にスマホで撮影して測ること。
自分の黄金比率に合った着色直径がわかりやすいと思います。

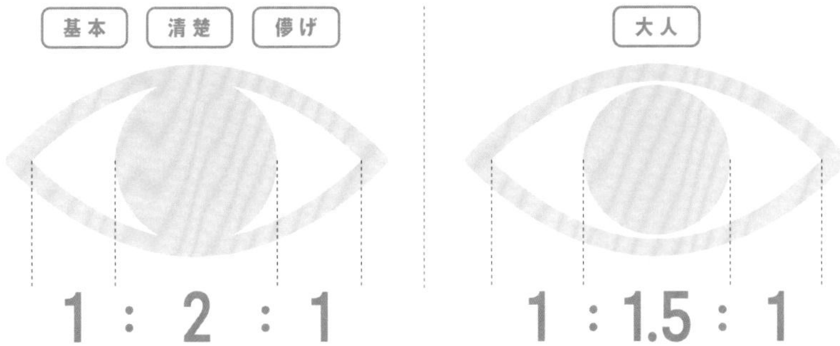

(Rule 3) 色はブラウン系を中心にセレクト

アイドルEYEならナチュラルに目に溶け込むようなブラウン系がおすすめ。
裸眼のように自然なナチュラルブラウン、色素が薄い印象に仕上がるうすブラウン、うるうるとした瞳になる深めブラウン、
甘めの印象の赤みブラウン、くすみブラウンなどがあります。同じブラウンでもニュアンスが違うだけで、
目元の印象が変わるので、なりたい雰囲気で使い分けてみて！

ナチュラルブラウン natural brown | うすブラウン light brown | 深めブラウン deep brown | 赤みブラウン red brown | くすみブラウン dusty brown

(Rule 4) フチがぼやけているカラコンに

フチがしっかりと囲われているカラコンだと「カラコンつけてます！」感が出て、ときに痛々しい印象を与えてしまうことも……。
フチがぼやけているものだと、ナチュラルに盛れます。

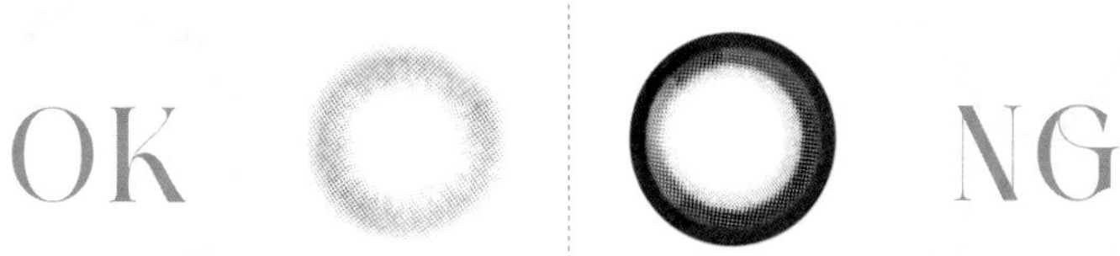

フチがぼんやり | フチがくっきり

natural brown 01

モテコンフォースクール 本命ブラウン

1箱2枚入り1,650円／Motecon（スウィート）

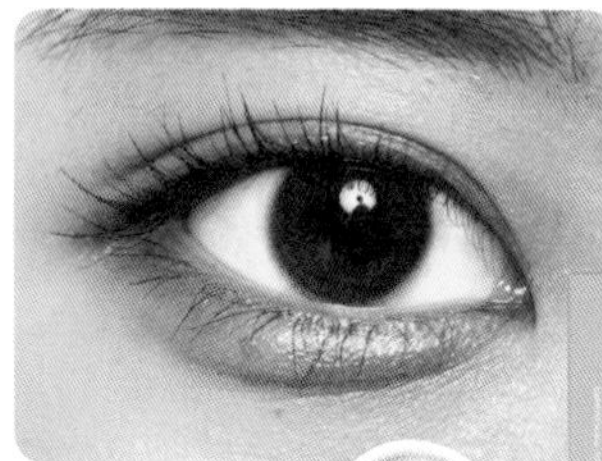

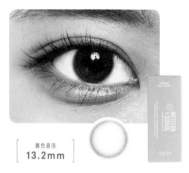

着色直径
13.2mm

濃いめのブラウンだから、きちんと盛ることができる裸眼風カラコン。ナチュラルだけれど、しっかり目力もUP。

natural brown 02

トパーズ デートトパーズ

1箱10枚入り1,760円／トパーズ（PIA）

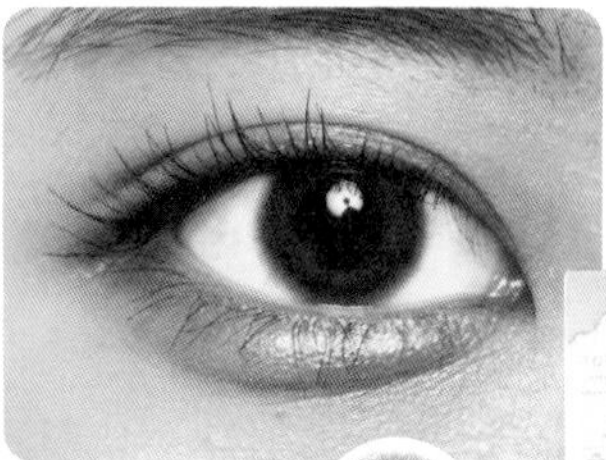

着色直径
13.4mm

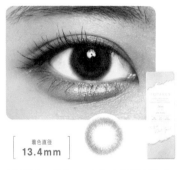

少し明るめのブラウンで、キラッと印象的な瞳になることができます。大人でも使いやすく、カラコンでオシャレを楽しみたい人向きのお出かけ用カラコン。

natural brown

まるで裸眼のナチュラルブラウンカラコン

natural brown 03

ラルムメルティシリーズ ミルクブラウン

1箱10枚入り1,760円／LARME（クイーンアイズ）

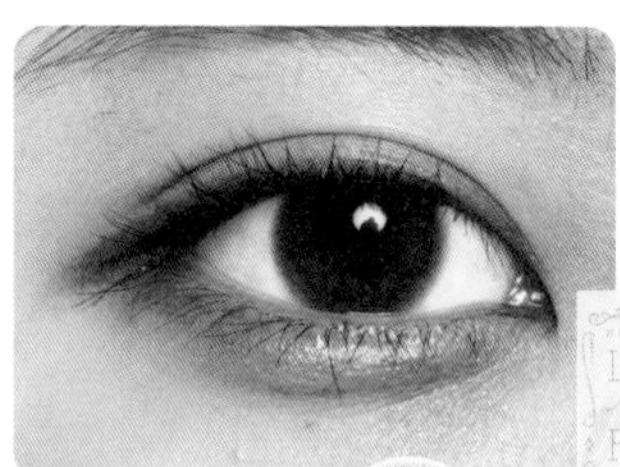

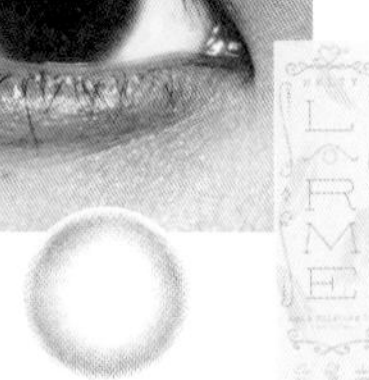

着色直径
13.6mm

瞳に溶け込むようになじむデザインで、色素がワントーン薄まるのに“カラコンバレ”しない夢月の超愛用カラコン。ナチュラルなブラウンなのに、ぼかしフチ効果で写真が盛れます！

natural brown 04

エンジェルカラー バンビシリーズ ナチュラル ピュアブラウン

1箱10枚入り1,848円／Angelcolor（T-Garden）

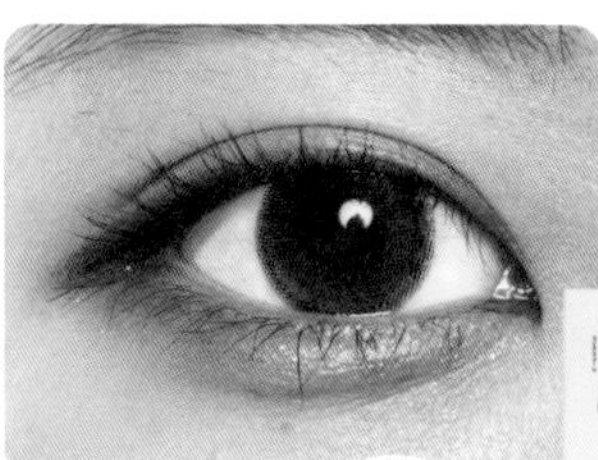

着色直径
13.6mm

透け感のある極小ドットとぼかしフチで、ナチュラルだけれどうるるっと感のある裸眼風の瞳になれる。少し黄色みのあるブラウンで発色もいいため、しっかりメイクしているときにオススメ。

light brown 02

レヴィアワンデー カラー ラスタージェム

1箱10枚入り1,870円／ReVIA（Lcode）

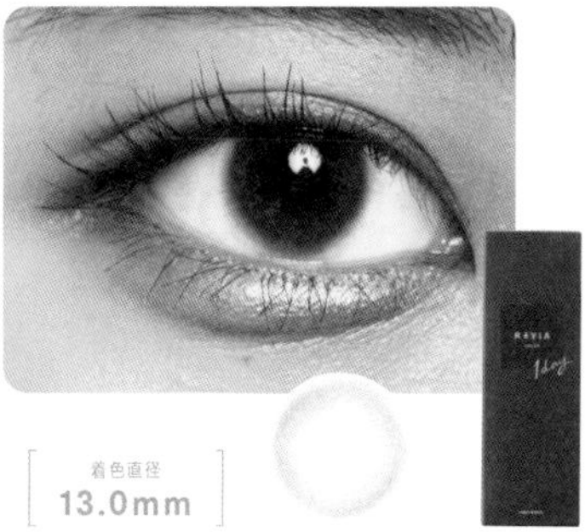

着色直径
13.0mm

レヴィアワンデー カラーシリーズで一番の人気カラー。ニュアンスカラーが裸眼に溶け込み、ふんわりやわらかくトーンチェンジしてくれます。ナチュラルな色素で薄い裸眼のような瞳になれます。

light brown 01

レヴィアワンデー カラー メルティベア

1箱10枚入り1,870円／ReVIA（Lcode）

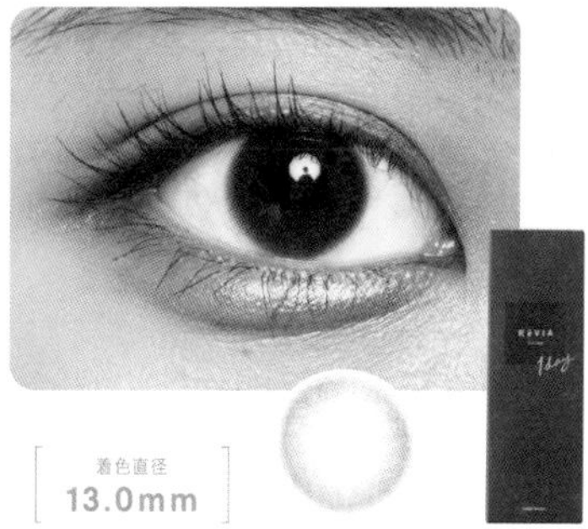

着色直径
13.0mm

カラコン初心者や“カラコンバレ”はしたくないけれど、黒目を少し大きくしたい人にオススメ。写真で盛りたい人には物足りないかも。ほのかに輪郭をプラスしながら、透明感のある裸眼っぽさを演出してくれます。

light brown

色素薄い系うすブラウンカラコン

light brown 04

レヴィアワンデー サークル ムースブラウン

1箱10枚入り1,595円／ReVIA（Lcode）

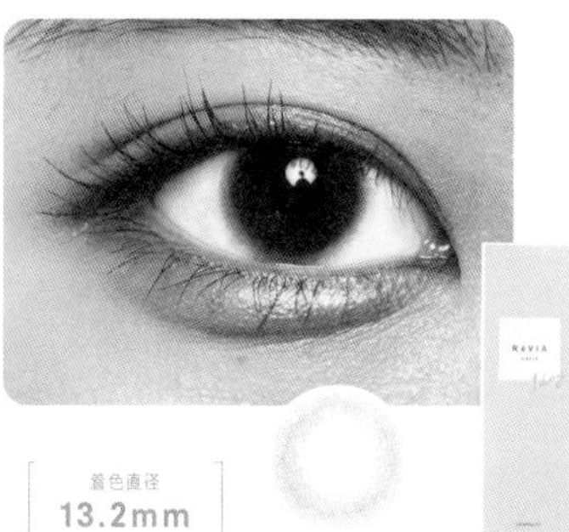

着色直径
13.2mm

やわらかなブラウンで、瞳がやわらかくキレイに映ります。今回、紹介するカラコンのなかでいちばんフチがふんわりぼやけているので、ナチュラルで裸眼っぽい感じに見せられます。

light brown 03

ラルムメルティシリーズ メルティリング

1箱10枚入り1,760円／LARME（クイーンアイズ）

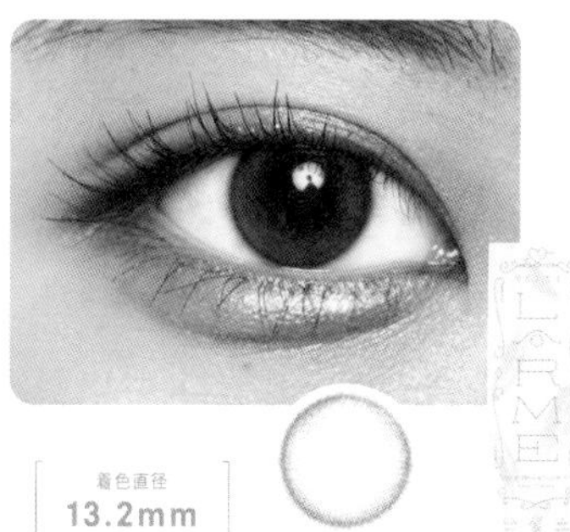

着色直径
13.2mm

黄色系ブラウンで色素は薄めですが、細フチで目力を出せます。着色直系が大きく明るいカラーだとギャルっぽくなってしまうけれど、これはフチが細めなので大丈夫。瞳の色素を薄くしたい人にオススメ。

deep brown 02

ラルムワンデーリングUV シアーショコラ

1箱10枚入り1,364円／LARME（クイーンアイズ）

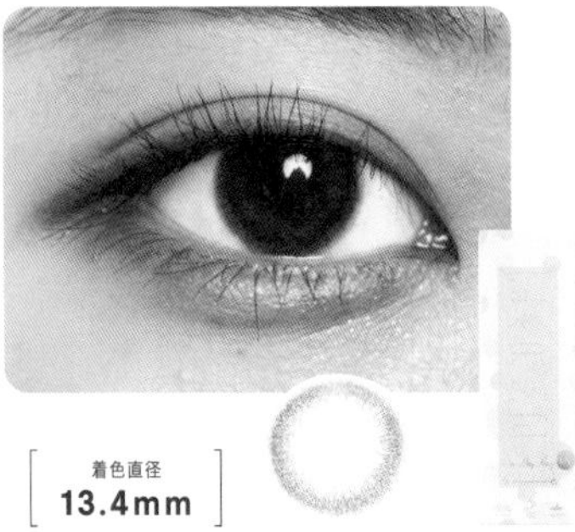

着色直径
13.4mm

濃いめのブラウンで、ナチュラルなのに写真でも盛れるカラコンです。大きすぎず小さすぎない絶妙なフチ感が特徴。誰にでも似合う万能感！

deep brown 01

ラルムメルティシリーズ トリュフモカ

1箱10枚入り1,760円／LARME（クイーンアイズ）

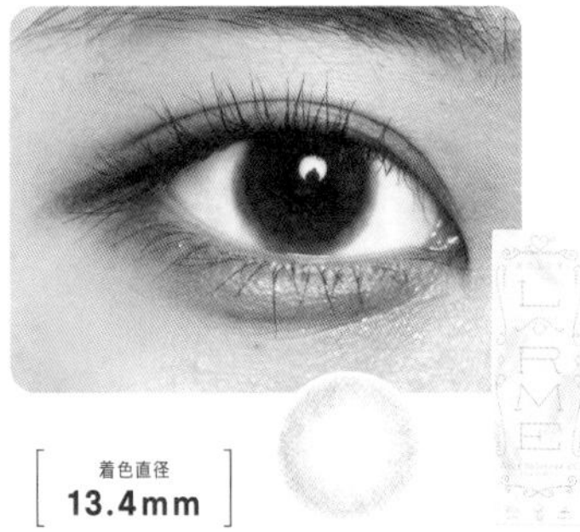

着色直径
13.4mm

赤みや黄みを感じない深みのあるブラウン系のカラーで、うるうるの裸眼風おめめになれます。すっぴんにつけても浮かないので、夢月も超愛用しています♡

deep brown

うるるん瞳の深めブラウンカラコン

deep brown 04

チューズミー ベイビーブラウン

1箱10枚入り1,705円／Chu's me（T-Garden）

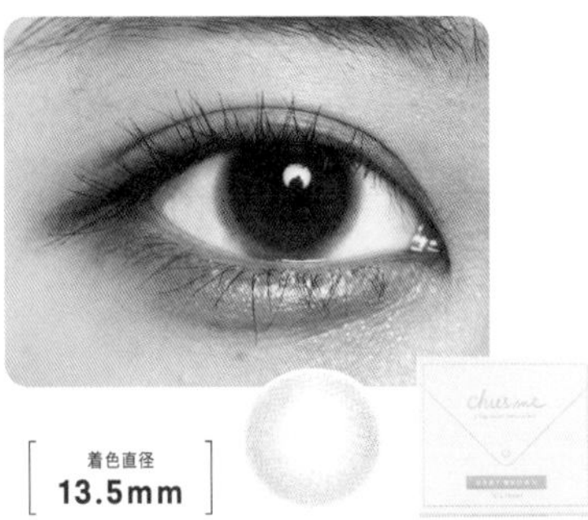

着色直径
13.5mm

赤ちゃんのような瞳になれる裸眼風カラコン。瞳の輪郭をぼかしながら透明感のあるピュアブラウンに。瞳はしっかり大きくなるので、絶対に盛りたい人向け。

deep brown 03

ラルムワンデーリングUV スフレヌード

1箱10枚入り1,364円／LARME（クイーンアイズ）

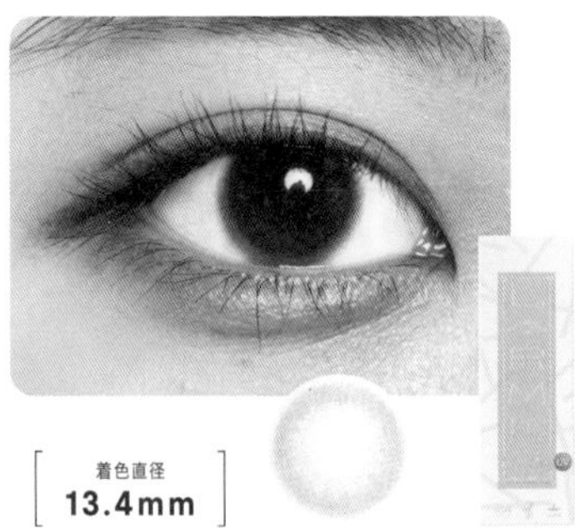

着色直径
13.4mm

赤みを抑えたふんわりブラウンで、カラコン初心者にも◎。透明感のあるナチュラルカラコンなのでデイリー使いにも、"カラコンバレ"したくない人にもオススメ。

red brown 02

エバーカラーワンデーナチュラル ひとめぼれの恋

1箱20枚入り2,598円／EverColor（アイセイ）

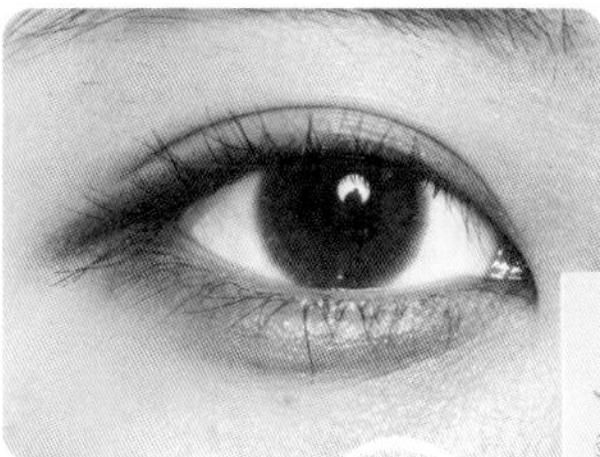

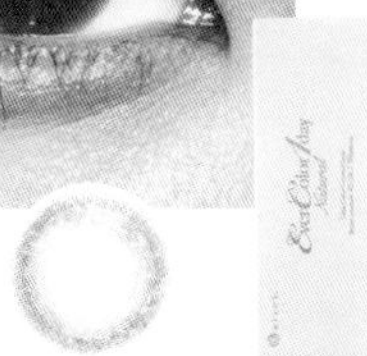

着色直径
13.6mm

甘くやわらかなウォームブラウンカラーのカラコンで、ちゅるんとしたみずみずしい瞳に。ほどよく透けるフチで透明感もUP。

red brown 01

トパーズ ストロベリークォーツ

1箱10枚入り1,760円／トパーズ（PIA）

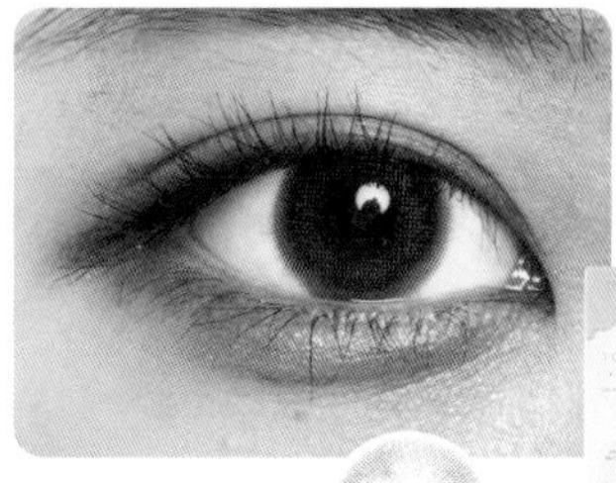

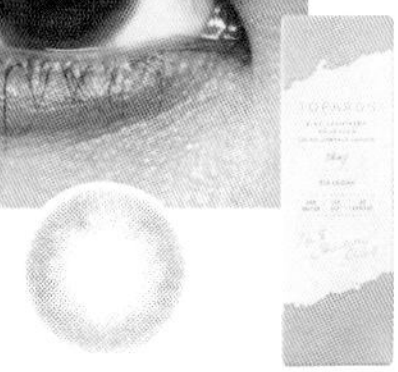

着色直径
13.5mm

ブラウンにほんのりピンクをプラスしたカラーで、赤髪やピンク髪の人、ピンク系のメイクをするときにもピッタリ。ふわっとピンクに発色するため、普通のブラウンでは物足りない人にも。

red brown & dusty brown

甘ナチュラルな赤みブラウンくすみブラウンカラコン

dusty brown 01

エバーカラーワンデーナチュラル モイストレーベルUV アーバンノワール

1箱20枚入り2,598円／EverColor（アイセイ）

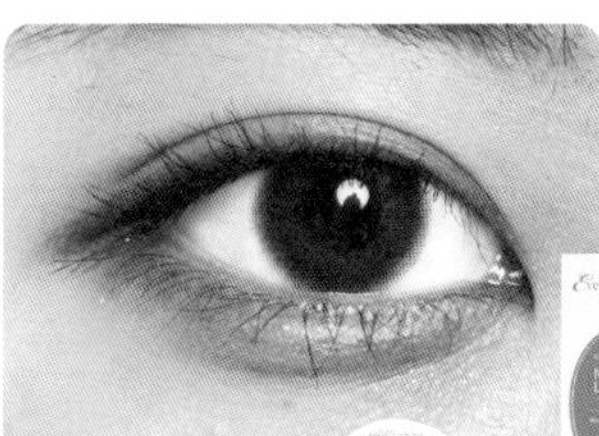

着色直径
13.8mm

ダークアッシュカラーの上品なデザイン。今回紹介するカラコンでいちばん着色直径は大きいけれど、それほど大きく感じない夢月の超愛用カラコン。映像を撮るときなど、引いた状態でも盛りたいときに使っています♪

red brown 03

超モテコンウルトラマンスリー うるうるドール

1箱2枚入り1,650円／Motecon（スウィート）

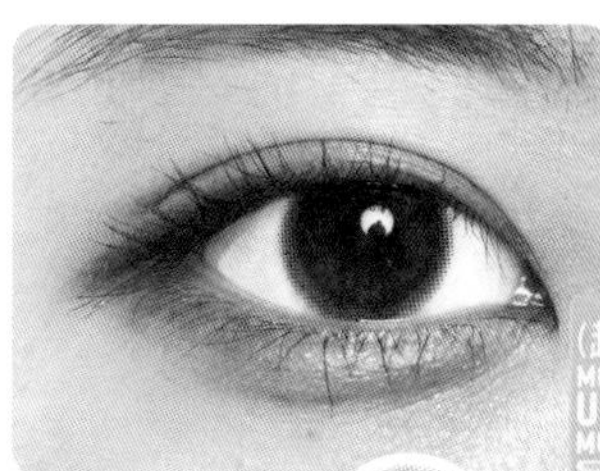

着色直径
13.6mm

赤み系のブラウンカラーで、うるうるした瞳に。清楚で上品な印象になれるので、かわいめコーデにもキレイめコーデにもなじむ。ナチュラルだけれどしっかり盛れるので、少し濃いアイメイクに合わせるのが◎。

「私でもアイドルみたいにかわいくなれますか？」
ときどきそんな質問を受けたりします。
お答えしましょう。誰でもアイドル顔になれます！

一重、奥二重といったまぶたのタイプから
大人顔、うす顔といった顔立ちのタイプまで、
その顔タイプならではのお悩みを解消するメイクテクニックを紹介します。

一重さん ▸ P98

奥二重さん ▸ P104

大人顔さん ▸ P110

うす顔さん ▸ P116

Chapter 3

顔タイプ別
アイドルメイク
攻略法

＼ パッチリおめめになりたい！ ／

一重さんのアイドルメイク

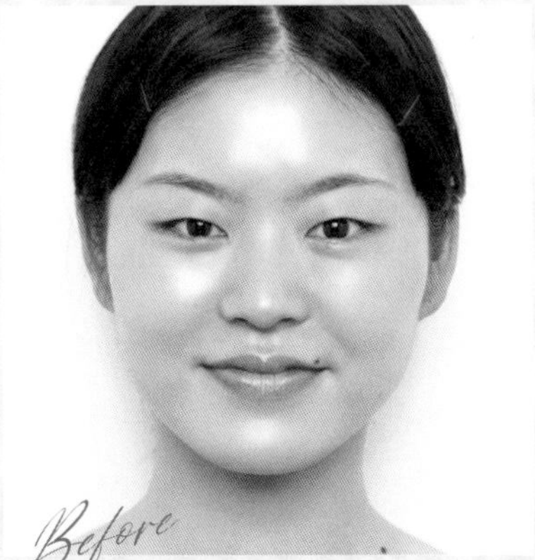

スッキリした目元のクール系の一重さんが、パッチリおめめになりたい場合は、目を開けたり閉じたりしながらアイメイクを進めていくことが大切。開けた状態で描けるラインと閉じたときに描けるラインがあるからです。やわらかい印象にするため、アイラインははね上げず下向きに。目を丸く大きく見せるためにも、涙袋をしっかりとつくります。

ここでは主にアイメイクを紹介していますが、ベースメイクはピンクを仕込んで、透けるようなピュア肌をつくっていきましょう。アイメイクでかわいらしい印象を演出しているので、肌やチークはピュア感があるように仕上げます。リップはコーラルピンクのツヤリップがオススメです。

POINT 1

目を開閉しながらアイメイク

目を開けてまぶたにラインを入れ、目を閉じてライン内をアイシャドウで埋め、目を開けて目尻にアイラインを入れ、目を閉じて目尻のすき間を埋めるなど、伏し目になったり、片目を閉じたりしてメイクを進めていきましょう。

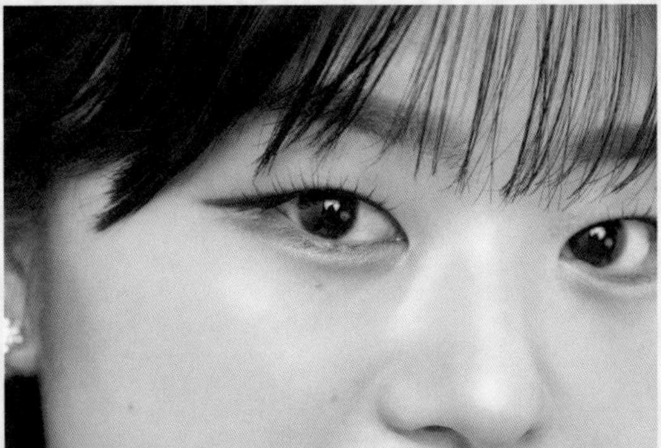

POINT 2

涙袋をしっかりとつくる

目を丸く大きく見せるため、涙袋はしっかりとつくります。濃いめのカラーをのせたうえにコンシーラーを入れ、さらに薄くアイシャドウを重ねていきます。

ジャケット(ショートパンツとセット)18,600円/Treat ürself

1

まぶた全体に陰影シャドウ

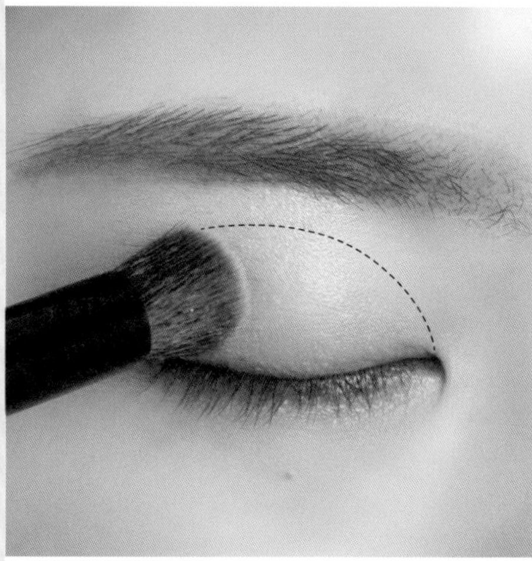

マットベージュのアイシャドウでまぶたのベースをつくる。

USE IT

アピュー フルショット ルーティーン アイパレット No.1 Dear Deer 1,650円／ミシャジャパン マットな質感と、グリッターやパールが入ったコーラルとブラウン系の4色パレット。

ケイト アイシャドウブラシ 1,540円（編集部調べ）マツモトキヨシ・ココカラファイン専用商品／KATE（カネボウ化粧品）密度の高い毛足で、大粒ラメもパウダーもしっかりまぶたにのせられるアイシャドウブラシ。

2

まぶたにラインを入れる

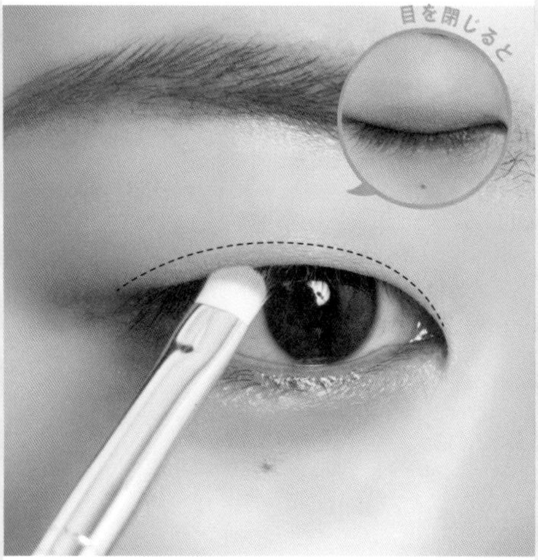

２色を混ぜたアイシャドウを細いブラシにとり、目を開けたまままぶたの上2mmくらいの位置にラインを入れる。目を閉じると、まぶたにうっすら線がついている。

USE IT

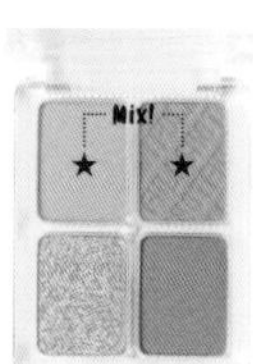

アピュー フルショット ルーティーン アイパレット No.1 Dear Deer 1,650円／ミシャジャパン

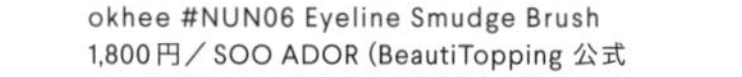

okhee #NUN06 Eyeline Smudge Brush 1,800円／SOO ADOR（BeautiTopping 公式Qoo10店） シャドウの境界を自然にぼかしてくれる、活用度の高いアイラインスマージブラシ。

3

ライン内と涙袋をアイシャドウで埋める

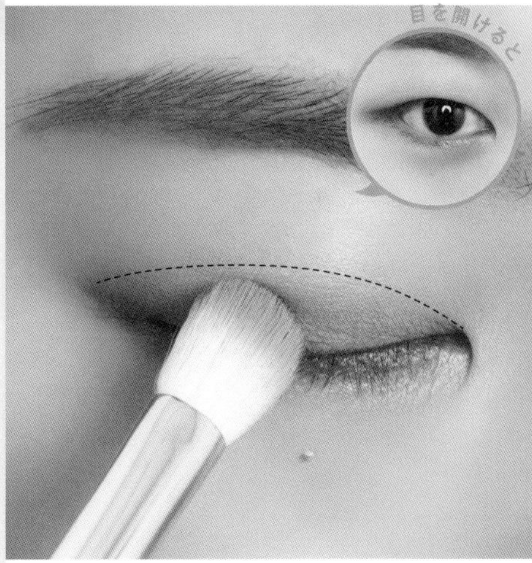

目を閉じて、❷で入れたライン内を❷と同じ２色でぼかしながら埋めていく。涙袋にも同じ２色を薄めに入れる。

USE IT

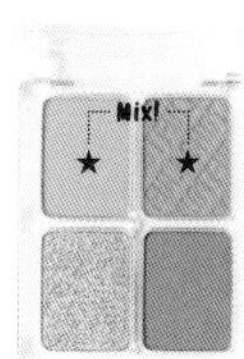

アピュー フルショット ルーティーン アイパレット No.1 Dear Deer　1,650円／ミシャジャパン

#217S ブレンディング ブラシ 4,290円／M・A・C　やわらかく毛の密度が高いオーバル状。目元に陰影をつけたりぼかしたりするのにピッタリ。

4

涙袋にカラーを重ねる

涙袋に少し濃いめのカラーをのせる。目を大きく見せるポイントの一つ。

USE IT

アピュー フルショット ルーティーン アイパレット No.1 Dear Deer　1,650円／ミシャジャパン

ebony21　1,880円／アンシブラシ　「涙袋作成用アイシャドウブラシ」。希少なリス毛を使用し製作。小さな円筒形のブラシは涙袋をつくるのにピッタリ。

5

涙袋にコンシーラーを入れる

涙袋にコンシーラーを入れ、その上に薄くアイシャドウを重ねる。

USE IT

アピュー フルショット ルーティーン アイパレット No.1 Dear Deer 1,650円／ミシャジャパン

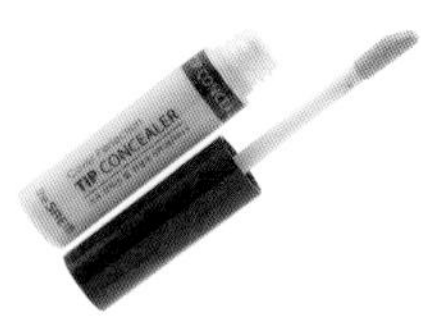

カバーパーフェクション チップ コンシーラー ブライトナー 790円／ザ セム しっかりカバーするのに厚塗りにならない。時間がたってもヨレにくい高密着コンシーラー。

ebony21 1,880円／アンシブラシ

6

目尻に アイラインを入れる

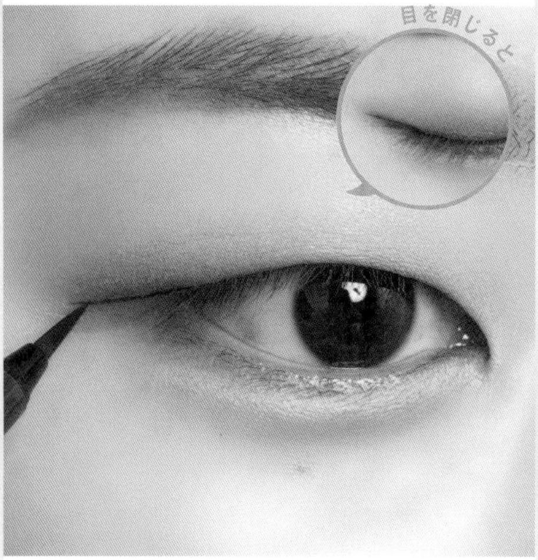

目を開けたまま目尻を下げぎみにアイラインを入れる。

USE IT

極細アイライナーEX 00 ブラウンブラック 638円／セザンヌ化粧品 細・太ラインも目尻のハネもなめらかに描ける極細毛筆ペンタイプのアイライナー。

7

目尻の線を整える

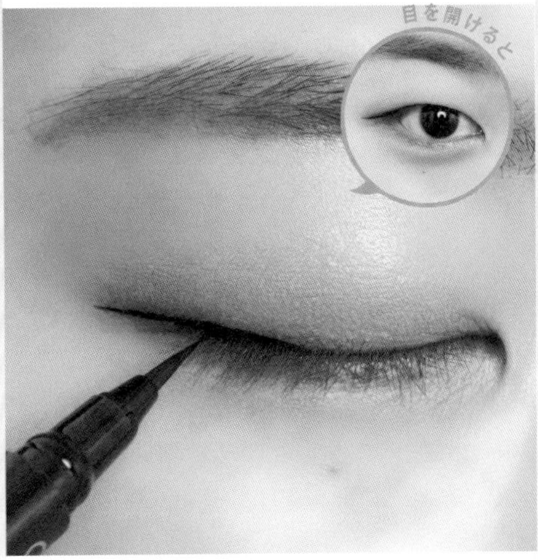

⑥で入れた目尻のアイラインと目尻の間にすき間ができるので、そのすき間を同じアイラインでつなげて埋める。

USE IT

極細アイライナーEX 00 ブラウンブラック
638円／セザンヌ化粧品

8

目尻を アイシャドウでぼかす

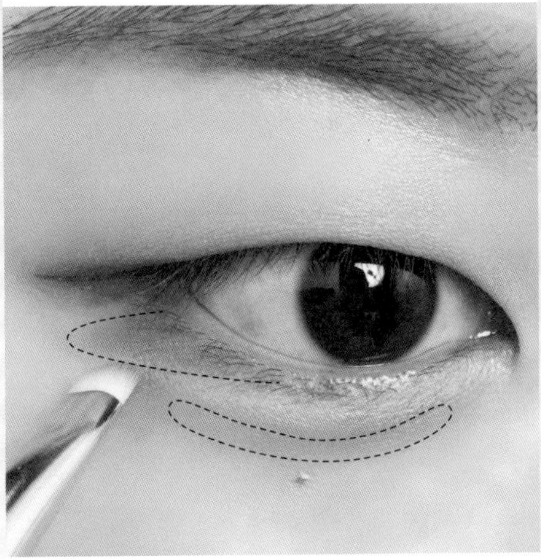

目尻のアイラインをアイシャドウでしっかりぼかす。粉を足さずに余った粉で目尻下の三角形と涙袋の影を描く。

USE IT

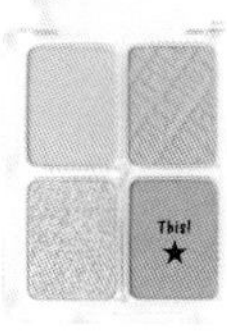

アピュー フルショット ルーティーン アイパレット No.1 Dear Deer　1,650円／ミシャジャパン

okhee #NUN06 Eyeline Smudge Brush
1,800円／SOO ADOR（BeautiTopping 公式 Qoo10店）

＼はれぼったい印象をなくしたい！／

奥二重さんのアイドルメイク

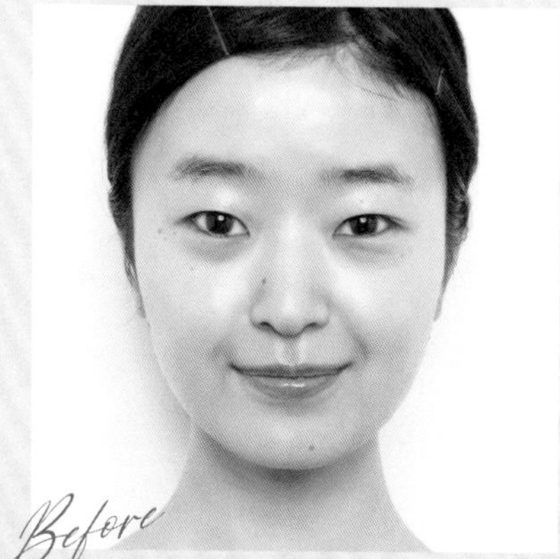

奥二重さんはまぶたが重なっている部分が広いため、アイシャドウの塗り方や色の選び方によって、目が重くはれぼったい印象になってしまうこともあります。クリッとしたアイドルEYEをめざすには、淡くやわらかいピンク系カラーで目元に陰影をつくっていくのがオススメ。濃い色でアイメイクを施すとシャープな印象になってしまいます。

チークはアイシャドウの色みに合わせたピーチピンクを使いましょう。リップもピーチピンクでカラーを統一します。ピュアな印象を出すために、血色感のあるピーチピンクを選ぶのがベストです。

POINT 1

ピンク系カラー＆ラメで涙袋をつくり込む

ピンクのアイシャドウを涙袋にのせることで、はれぼったさ防止。ピンク系濃淡で涙袋に横の立体感を。涙袋のコンシーラーの太さを目尻側に向かって太くしたり、涙袋にラメ入りピーチベージュのアイシャドウを重ねたり。これでたれ目のかわいらしいアイドルEYEがかないます。

POINT 2

目元のぼかしと影で縦にも横にも大きな目に

リキッドアイライナーでしっかり長めにアイラインを引き、ピーチブラウンのアイシャドウでアイラインをぼかします。そのうえで、目尻下の三角形と涙袋の影を描けば、縦にも横にも大きな目に。

1

まぶた&涙袋に ベージュのアイシャドウを

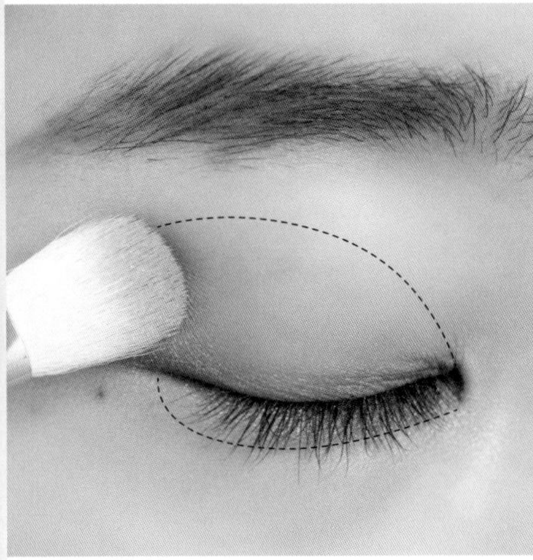

上品なラメ入りベージュのアイシャドウをまぶた全体に広めにのせる。涙袋全体にも。

USE IT

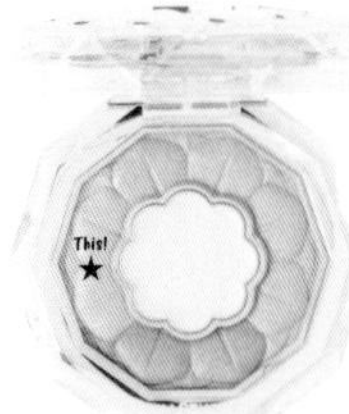

ブルームクチュール アイズ 20 daylight zinnia 6,380円／ジルスチュアート ビューティ 日ざしを浴びてやさしく咲く淡い花びらのように、あたたかみのあるベージュコーラルのセット。

#217S ブレンディング ブラシ 4,290円／M・A・C やわらかく毛の密度が高いオーバル状。目元に陰影をつけたりぼかしたりするのにピッタリ。

2

アイシャドウを入れる

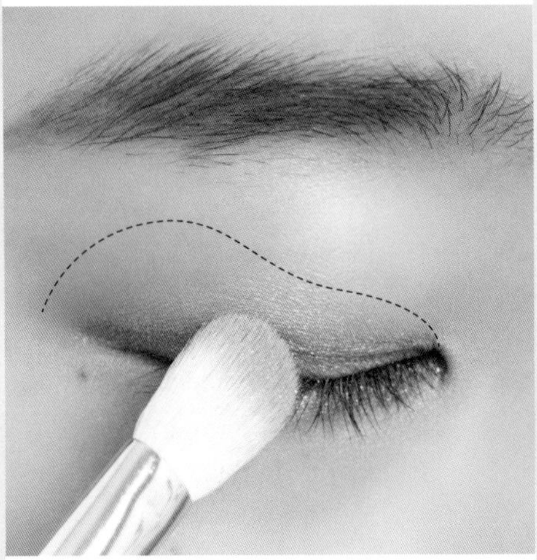

目尻側からアイシャドウを広げていく。目を開けて少し見える範囲まで濃いめに塗る。鏡で確認しながら塗って。

USE IT

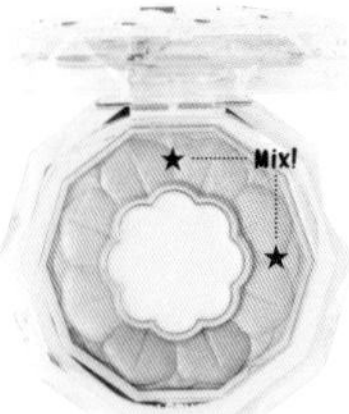

ブルームクチュール アイズ 20 daylight zinnia 6,380円／ジルスチュアート ビューティ

#217S ブレンディング ブラシ 4,290円／M・A・C

3

涙袋にピンクの
アイシャドウを入れる

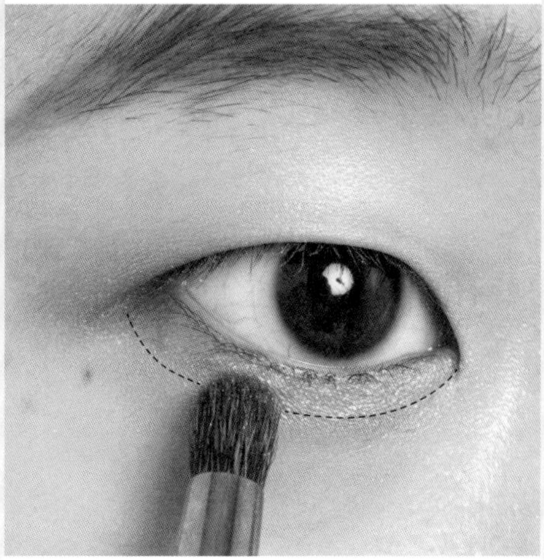

涙袋にピンクのアイシャドウをのせる。ピンクは最初に仕込むと、はれぼったくならず、かわいさを演出できる。

USE IT

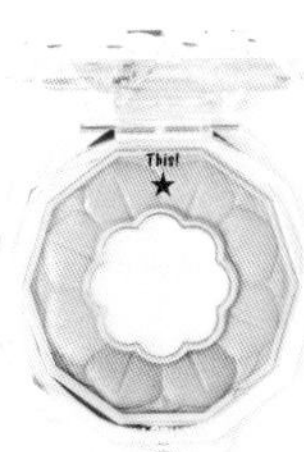

ブルームクチュール
アイズ 20 daylight
zinnia　6,380円／
ジルスチュアート
ビューティ

ebony21　1,880円／アンシブラシ　「涙袋作成用アイシャドウブラシ」。希少なリス毛を使用し製作。小さな円筒形のブラシが目の下に涙袋をつくるのにピッタリ。

4

涙袋に立体感をつくる

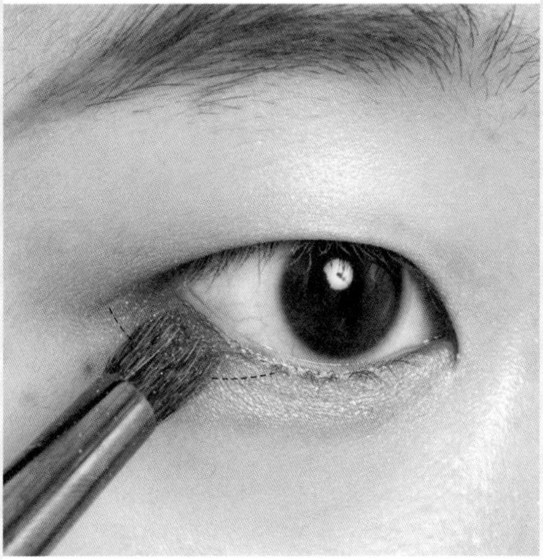

涙袋の目尻1/3に２色を混ぜたアイシャドウをのせる。涙袋に横の立体感を出すことで、メリハリある目元に。

USE IT

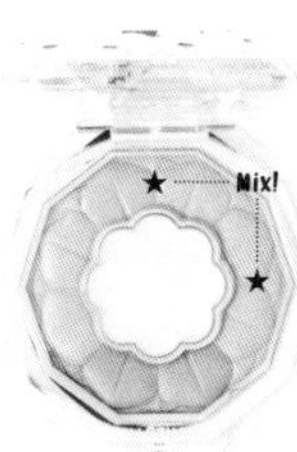

ブルームクチュール
アイズ 20 daylight
zinnia　6,380円／
ジルスチュアート
ビューティ

ebony21　1,880円／アンシブラシ

5

涙袋にコンシーラーを入れる

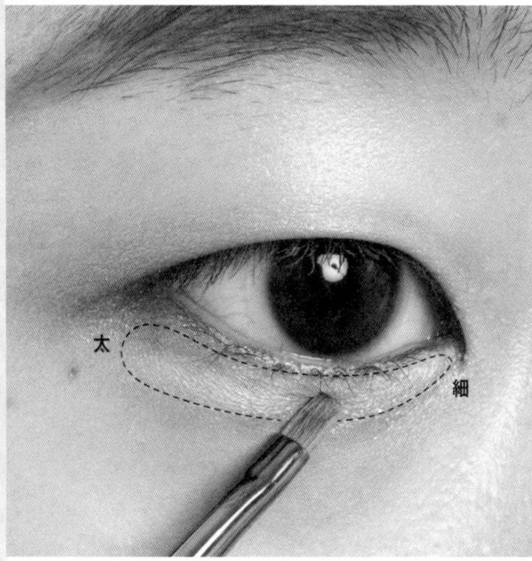

コンシーラーを目のキワまで塗らず、少しすき間をあけて塗る。目尻に向かって太くすると、たれ目に見える。

USE IT

カバーパーフェクション チップ コンシーラー ブライトナー　790円／ザ セム　しっかりカバーするのに厚塗りにならない。時間がたってもヨレにくい高密着コンシーラー。

ebony30　1,200円／アンシブラシ　「完璧主義者様用万能ブラシ」。Ancci brushのなかでもいちばん毛が細いブラシ。イタチの毛を使用し製作。

6

涙袋にラメ入り
ピーチベージュを

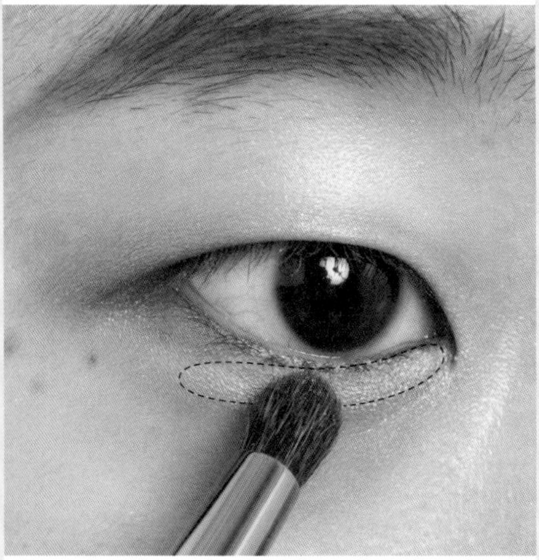

涙袋全体にラメ入りピーチベージュのアイシャドウをのせる。❸で仕込んだピンクのアイシャドウの上に重ねることで、軽やかになじむ。

USE IT

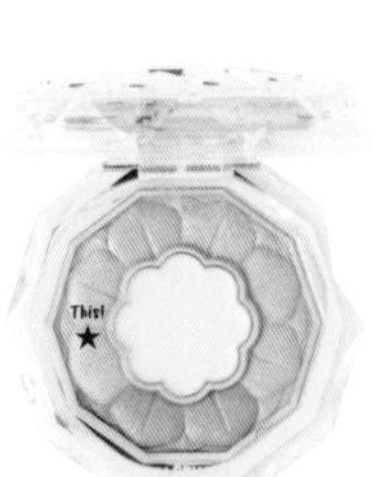

ブルームクチュール アイズ 20 daylight zinnia　6,380円／ジルスチュアート ビューティ

ebony21　1,880円／アンシブラシ

7

アイラインを引く

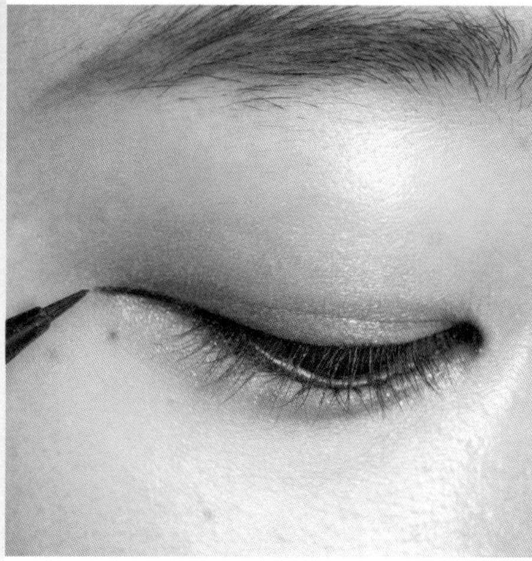

アイラインはまつ毛のすき間や目尻もリキッドでしっかり長めに引く。目のカーブに合わせて細めに引き、目頭と目尻を結んだ線の延長線上にアイラインの端がくるようにする。

USE IT

デジャヴュ ラスティンファインE　ショート筆リキッド ミディアムブラウン　1,430円／イミュ　ブレずに安定して描きやすい極細ショート筆。ソフトな茶色のミディアムブラウンカラー。

8

アイラインをぼかし、影を入れる

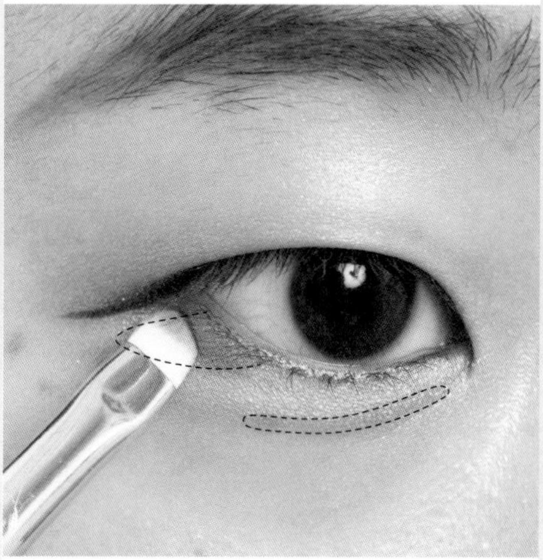

ピーチブラウンのアイシャドウでアイラインをぼかし、目尻下の三角形と涙袋の影を入れる。最後の影入れで縦にも横にも大きな目に見せることができる。

USE IT

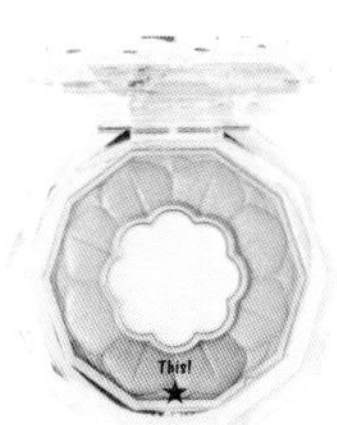

ブルームクチュール アイズ 20 daylight zinnia　6,380円／ジルスチュアート ビューティ

okhee #NUN06 Eyeline Smudge Brush　1,800円／SOO ADOR（BeautiTopping公式 Qoo10店）シャドウの境界を自然にぼかしてくれる、活用度の高いアイラインスマージブラシ。

＼あどけない印象になりたい！／

大人顔さんのアイドルメイク

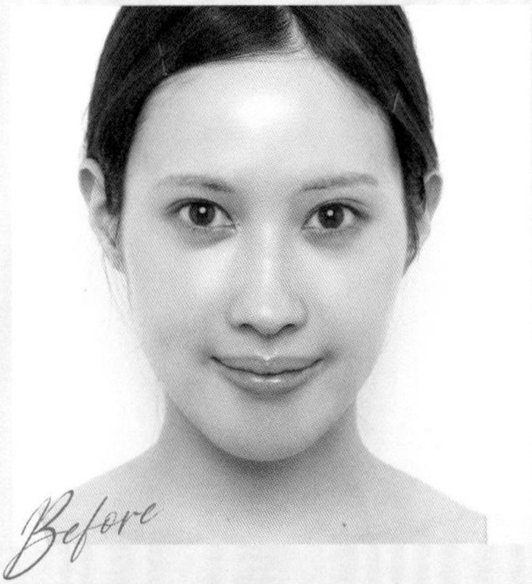

大人顔さんは細やかなテクニックを駆使して、キュッとコンパクトな小顔をつくっていきます。そのために心がけるのは外側&下重心のメイクです。

まずは目元をしっかりと。上重心にならないよう、アイシャドウは淡い色を使います。下まつげにマスカラをしっかり塗ることで下重心の顔になり、顔が短い印象に。アイラインはリキッドで長めに入れ、チークは上すぎず横長に入れることで、顔が引き締まって見えます。

リップは上唇をオーバーぎみに塗り、鼻の下を短く見せましょう。ツヤっぽくするとコンサバ感が出てしまうので、ふわふわマットのリップであどけなさを演出。最後にノーズシャドウを入れて完成。アイドルっぽいかわいらしい印象の顔ができあがります。

POINT 1

目元をしっかりつくり込む

淡い色のアイシャドウでまぶたの上に陰影をつくり、上重心を阻止。涙袋全体にアイシャドウをのせたあとにコンシーラーを入れると、下重心の顔になります。長めのアイラインで重心が外に分散され、下まつげにしっかりマスカラを塗ることで下重心の顔になり、顔が短く見えます。

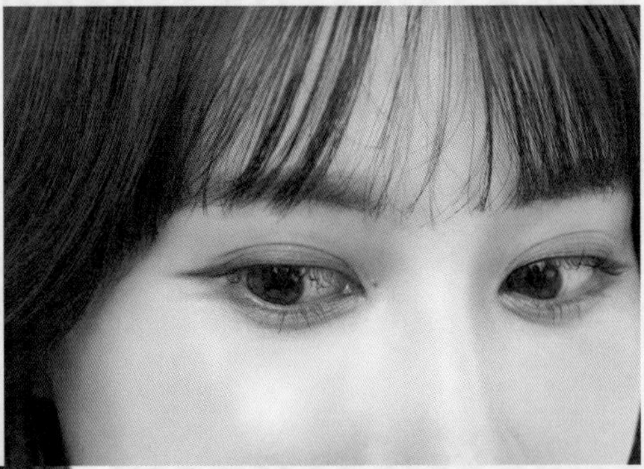

POINT 2

ほおのメイクで重心を外に向ける

チークは横長に入れて、顔を短く見せます。上のほうにチークを入れると重心が上がってしまうので×。そのうえで、ほお骨の上にハイライトを入れると立体感が出て、顔をさらに短く見せる効果があります。

1

淡いアイシャドウでグラデーション

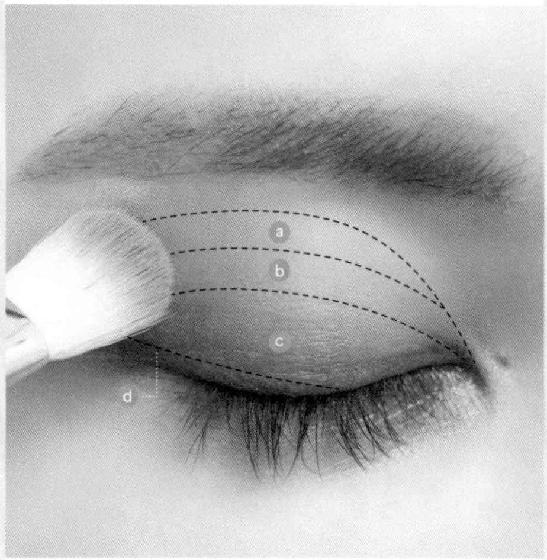

淡いカラーのアイシャドウで陰影をつくる。重心を上にもっていかないために、まぶたには淡い色を選んで。

USE IT

フジコ 足しパレ 02 彫り深モーヴ　2,090円／かならぼ
単色でもシアーな彫り深に。ひと塗りで明るさのなかに影を仕込むアイメイクを実現。

#217S ブレンディング ブラシ 4,290円／M・A・C
やわらかく毛の密度が高いオーバル状。目元に陰影をつけたりぼかしたりするのにピッタリ。

2

涙袋をしっかりつくる

涙袋全体にアイシャドウをのせたあと、コンシーラーを入れる。下重心の顔になり、あどけない印象をつくれる。

USE IT

フジコ 足しパレ 02 彫り深モーヴ　2,090円／かならぼ

カバーパーフェクション チップ コンシーラー ブライトナー 790円／ザ セム　しっかりカバーするのに厚塗りにならない。時間がたってもヨレにくい高密着コンシーラー。

ebony21　1,880円／アンシブラシ　「涙袋作成用アイシャドウブラシ」。希少なリス毛を使用し製作。小さな円筒形のブラシが目の下に涙袋をつくるのにピッタリ。

3

長めにアイラインを引く

リキッドアイライナーで長めにアイラインを引く。
重心が外に分散され、やわらかい印象をつくれる。

USE IT

キングダム リキッドアイライナー R1 ディープブラウン　1,540円／キューティス　3種の毛をオリジナルブレンドし、筆先0.1mmで驚きの描きやすさを実現。目尻のハネもキレイに描ける。ナチュラルな目元に仕上げるディープブラウンカラー。

4

下まつ毛にマスカラをしっかり塗る

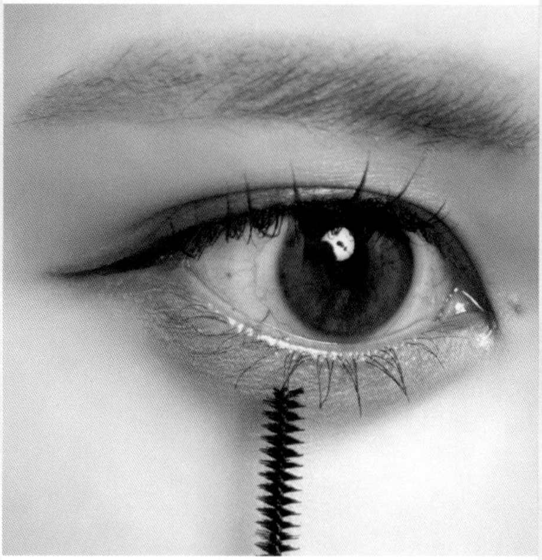

マスカラを上まつ毛に普通に塗ったあとに、下まつ毛をしっかり塗ると、下重心の顔になり、顔が短く見える。マスカラを縦にして塗ると、繊細で長いまつ毛をつくれる。

USE IT

デジャヴュ ラッシュアップE ブラック　1,320円／イミュ　細くて短いうぶ毛にもしっかり絡む高密着の液で、"見えないまつ毛"までできわ立てる。

5

チークを横長に入れる

顔を短く見せるために、チークを入れる位置は上すぎるのは×。ほおの真ん中あたりに横長に入れる。ほおの上部に入れると上重心になり、顔が長く見えるのでNG。

USE IT

ルナソル カラーリングシアーチークス（グロウ）02 Herbal Meadow　3,850円（セット価格）／LUNASOL（カネボウ化粧品）　肌に溶け込むようになじみ、にじみ出るような自然なツヤと澄んだ血色感を演出する。

ANC2006　3,880円／アンシブラシ　「Ancciの天使チークブラシ」。希少なリス毛を使用し製作。発色がきめ細かく薄づきのため、チークブラシ初心者にもオススメ。

6

ほおの真ん中にハイライトを

ハイライトをほお骨の上（ほおのいちばん高い部分）に入れると立体感が出て、顔が短く見える。黒目の下&小鼻の横の延長線上に入れる。

USE IT

ハイライティング パウダー 01 ピンクグロウ　7,370円／ボビイ ブラウン　まるで肌が発光しているかのように自然なツヤが人気のハイライティングパウダー。

ANC2002　2,780円／アンシブラシ　「Ancciの天使ハイライトブラシ」。やさしく繊細でやわらかな肌ざわりのリス毛ブラシでハイライトを入れると、生き生きとしたツヤ感をプラスできる。

7

上唇は
オーバーリップで

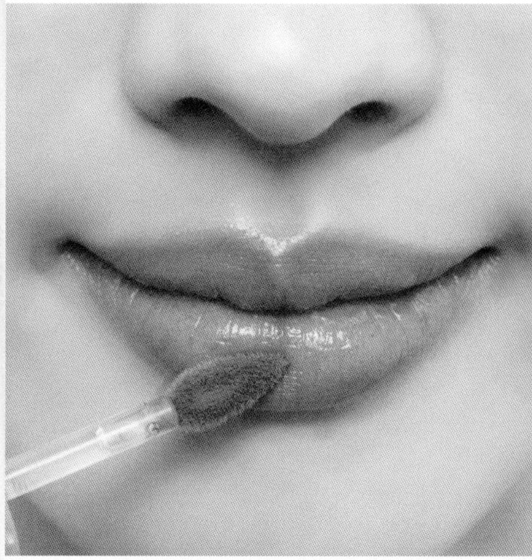

上唇の輪郭を少しオーバーするくらいにリップを塗ると、人中（鼻の下）が短く見えて、かわいらしい印象に。口角からリップが飛び出ると、やりすぎ感が出るため、飛び出さないよう注意。ブラシは使わず、チップで直接塗ってOK。

USE IT

CKムースMリップ P102　1,595円／COLORKEY（COLORKEY OFFICIAL Qoo10店）　潤いながらも軽やかなマット感のあるティント。ムース触感の高発色泥リップ。ブルベさん向けの暖色桃ピンクカラー。

8

ノーズシャドウを入れる

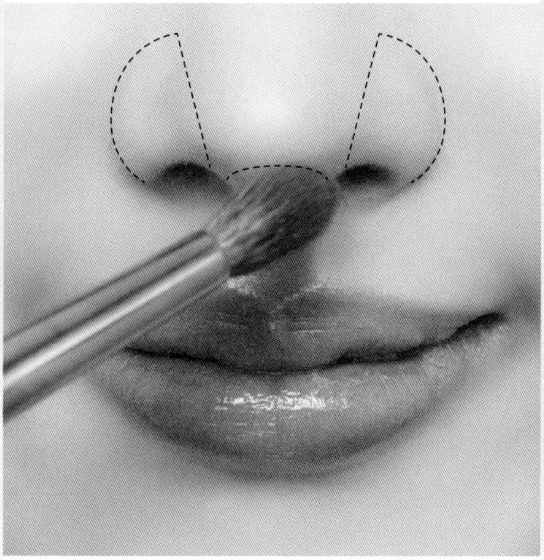

鼻先の下と小鼻のみぞにノーズシャドウを入れると、鼻が短く見える。

USE IT

コントゥアパウダー イルミネイター　2,090円／エチュード　影を落としたようなシャープさを実現したナチュラルシェーディング。素肌になじむグレイッシュなブラウンで自然な仕上がり。

ebony7　1,580円／アンシブラシ　「小鼻にON ノーズシェーディングブラシSsize」。山羊毛を100%贅沢に使用。鼻のシェーディングに適したブラシ。淡い自然な発色の演出に向いているため、初心者にも◎。

＼サッパリした顔立ちをかわいらしく！／

うす顔さんのアイドルメイク

うす顔さんはパーツを大きく見せることと立体感を意識してメイクを施していきます。ベースは下地とファンデーションを塗ったあとに、ファンデーションとコンシーラーを組み合わせ、色みの差を利用して、立体感をつくっていきます。

アイメイクも目の立体感を考えながら、光が当たる部分に色をのせていきます。ピンクブラウンのアイシャドウで陰影をつくっていきますが、光が当たる部分により明るい色を使います。

リップは隠しラインで口角を上げて、ピンクリップでぼかします。うす顔さんはサッパリした印象になりがちなので、口角を上げることで多幸感をプラスしましょう。

POINT 1

ベースづくりの段階で立体感を演出

カバー力のある下地を塗ったあとに、少し明るめのファンデーションをおでこ、ほお、鼻筋、あごにのせ、立体感を出します。そのうえで、ファンデーションとコンシーラーを混ぜて、鼻筋、あご先、涙袋以外の目の下に重ね、さらに立体感を出します。

POINT 2

口角UPで明るい印象に

影をつくるためのピンクのライナーを使い、口角を上げぎみにして影を描きます。セミマットな質感のリップで口角の影をぼかしてなじませると、多幸感のある明るい印象の顔に！

1 カバー力のある下地を塗る

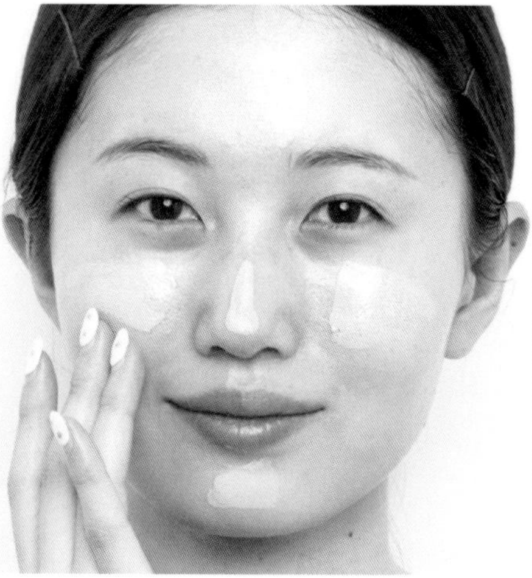

カバー力のある下地を顔全体に薄く塗る。

USE IT

マツモトキヨシ BEAUTY MAKE – UP SPONGE ハウス型／私物　やわらかなラバースポンジ。面や角、厚みと弾力で、ベースメイクをムラなく仕上げる。

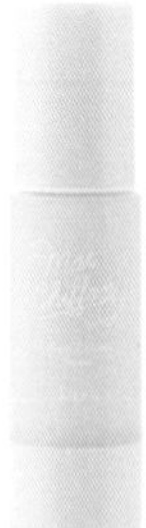

キス マットシフォン UVハイカバーベース 01 Light　1,760円／KISSME（伊勢半）　毛穴、凹凸、くすみ、色ムラなどを自然にカバーし、透明感のあるワントーン明るい美肌に。

2 ファンデーションで立体感をつくる

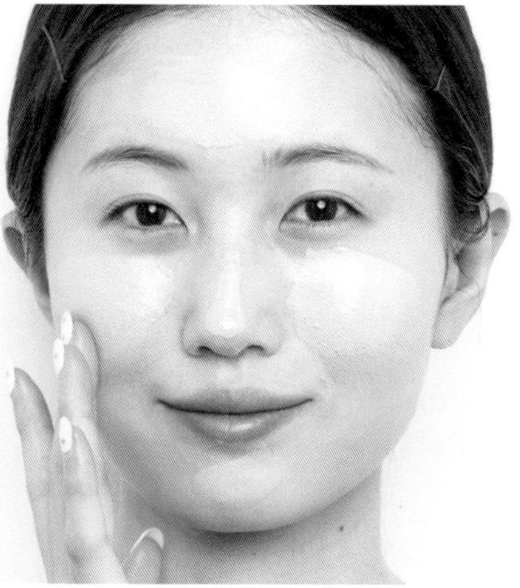

❶の下地より狭い範囲に少し明るめのファンデーションをのせて立体感を出す。顔の中心から広げていく。

USE IT

マジョリカ マジョルカ ミルキーラッピングファンデ 00 ピンクベージュ　1,540円／資生堂　ツヤ感のあるミルキー肌に導くリキッドファンデーション。くずれにくく、テカリや乾燥も防ぐ。

3

コンシーラー＋ファンデーションを塗る

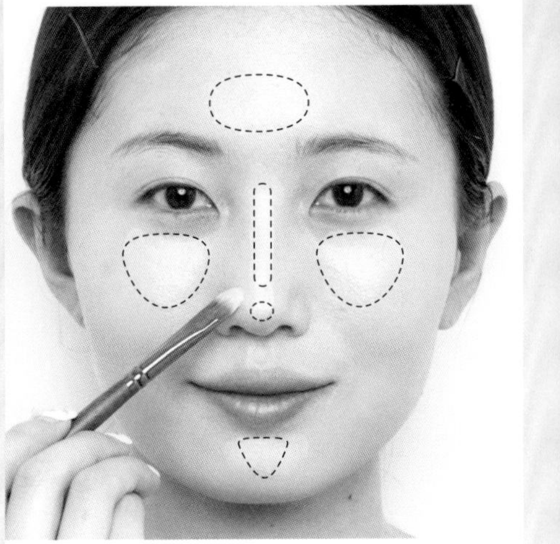

手の甲に❷で使ったファンデーションにコンシーラーを足して、ブラシで混ぜる。おでこ、鼻筋、あご先、涙袋以外の目の下に塗る。

USE IT

カバーパーフェクション チップ コンシーラー ブライトナー 790円／ザ セム　しっかりカバーするのに厚塗りにならない。時間がたってもヨレにくい高密着コンシーラー。

マジョリカ マジョルカ ミルキーラッピング ファンデ 00 ピンクベージュ　1,540円／資生堂

ebony16　1,080円／アンシブラシ　「完璧主義者様用万能ブラシ」。Ancci brushのなかでもいちばん毛が細いブラシ。イタチの毛を使用し製作。

4

目尻と目の下に影をつくる

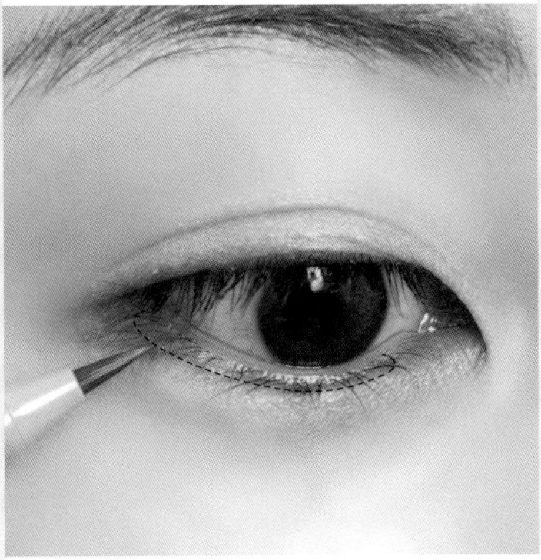

影をつくるため専用のピンクのライナーで、目尻と目の下に影をつくる。

USE IT

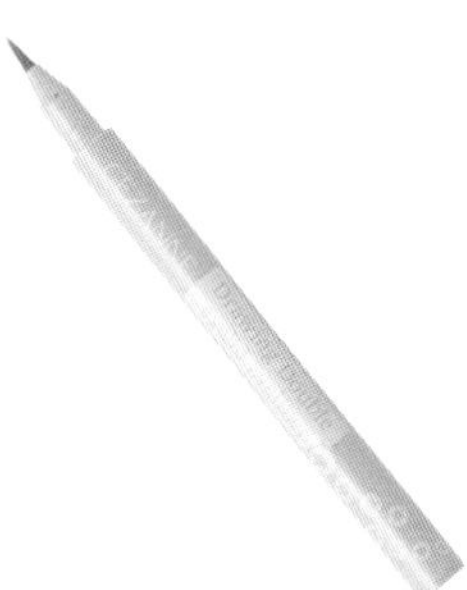

描くふたえアイライナー 30 影用ピンク　660円／セザンヌ化粧品　二重ラインにも、涙袋の影にもピッタリの薄い血色ピンクのアイライナー。

5 まぶたにも陰影をつくる

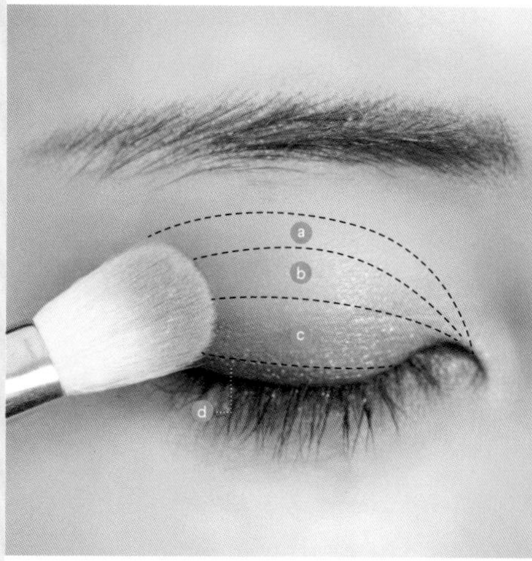

ピンクブラウンのアイシャドウで陰影をつくる。目尻側の骨を指でチェックしながら、その内側が影になるように4色をグラデーションのようにのせていく。

USE IT

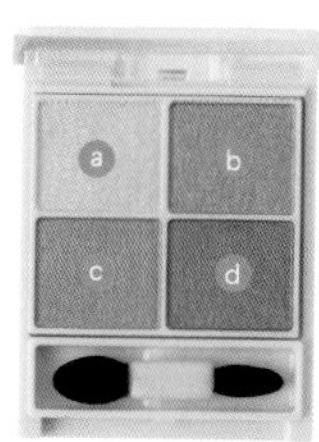

キャンメイク シルキースフレアイズ 08 ストロベリーコッパー　825円（生産終了品）／井田ラボラトリーズ　フィット感が高く、しっとりした質感のアイシャドウ。ピンクみのあるコッパーカラー。

#217S ブレンディング ブラシ 4,290円／M・A・C　やわらかく毛の密度が高いオーバル状のブラシ。目元に陰影をつけたりぼかしたりするのにピッタリ。

6 チークを入れる

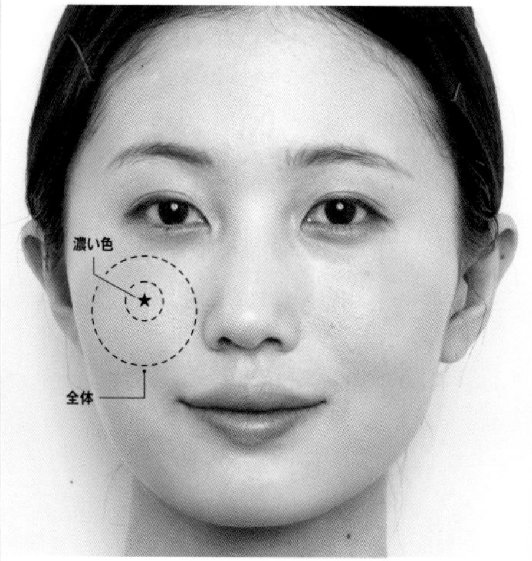

チーク全体をブラシで混ぜて、ほおに広めにのせたあと、3色の濃い色を混ぜてほおの真ん中にのせる。

USE IT

★ =濃い色

レブロン ブラッシュ & イルミネーター パレット 002 スモーキーローズ　1,870円／レブロン　チークとハイライターがIN。微粒子パウダーでふわっと肌に密着し、フレッシュな血色感を与える。

ANC2006　3,880円／アンシブラシ　「Ancciの天使チークブラシ」。希少価値の高いリス毛を使用し製作。発色がきめ細かく薄づきのため、チークブラシ初心者にもオススメ。

7

口角に影を描く

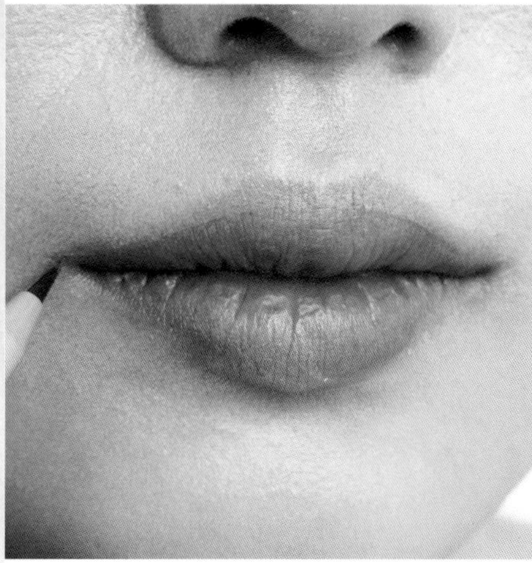

影をつくるため専用のピンクのライナーで、口角を少し上げぎみに2mmだけ描く。わかるかわからないかの線でも、このひと手間できちんと口角が上がったように見える。

USE IT

描くふたえアイライナー 30 影用ピンク　660円／セザンヌ化粧品

8

リップを塗り、口角をなじませる

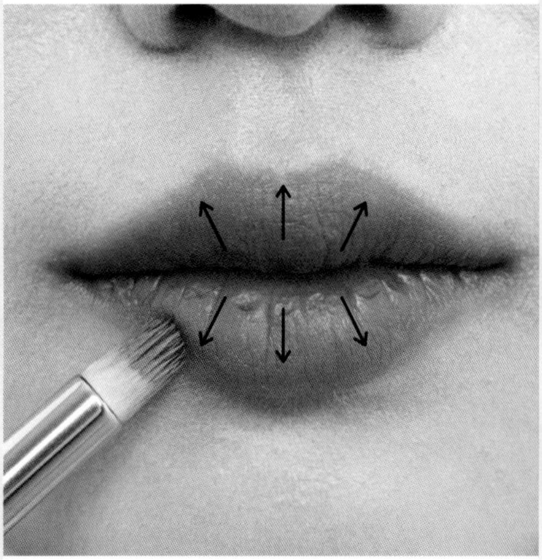

セミマットな質感のリップを唇の中央にのせ、ブラシでぼかしながら塗る。その際、❼で入れた口角の影もなじませていく。

USE IT

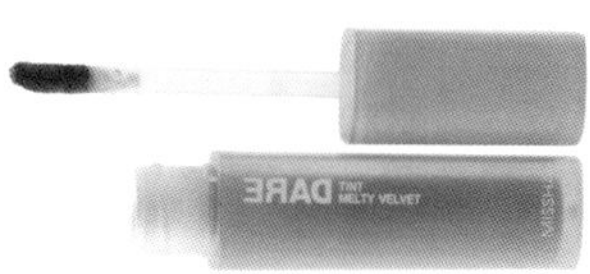

ミシャ　デアティント　メルティベルベット　No.5 ROSE LETTER　1,650円／ミシャジャパン　塗るだけでパッと華やかな印象になるローズピンクカラー。一日中発色をキープ。

okhee #NUN04 Pencil Brush　1,800円　／ SOO ADOR (BeautiTopping 公式 Qoo10店)　水彩画のようなリップ表現、陰影シャドウなどに使えるペンシルブラシ。ブラシにアイシャドウやリップをつけて、ブレンディングしながら使用する。

HOW TO MAKE IDOL HAIR

動かない&小顔に見せるが絶対!

アイドルヘア3つのルール

外のステージで風が吹いたり、湿度が高かったり、暑くて汗をかいたりと、
ハードな環境で歌って踊るアイドル。そして、小顔は永遠の憧れ! アイドルとの仕事でつちかった、
動かない&小顔に見せるテクをレクチャーします。

3 rules of IDOL hair

Rule 1

不動の
アイドル前髪

いつだってアイドルは前髪命。ぱっつんをそのままおろすのではなく、ゆるく巻いたシースルー前髪が、イマドキのアイドル前髪。小顔効果がありつつ、シースルーのヌケ感でオシャレな雰囲気に。そして動かないことが大事！

Rule 2

姫っぽい
触覚ヘア

アイドルヘアの定番・サイドの触覚ヘア。顔のサイドの髪を少し出して、フェイスラインを細く見せる効果があります。サイドの髪はほお骨下〜あごくらいの長さにカットしておくのがオススメ。アイドル前髪と同様、動かないように工夫します。

Rule 3

おでこは
丸く＆狭く

おでこの形や前髪の生えぎわも人それぞれですが、おでこを丸く・狭く見せたほうがかわいらしい印象を与えます。そのため、髪が薄くなっている部分はヘアシャドウでカバー。サイドの髪＆おでこケアで、小顔ヘアが完成します。

HOW TO MAKE IDOL HAIR

歌って踊ってもくずれない！ アイドル前髪のつくり方

STEP 1 3ブロックに分ける

前髪を3つのブロックに分ける。

STEP 2 ストレートアイロンでゆるく巻く

細めのストレートアイロンで前髪をブロックごとにゆるく巻く。アイロンの角度で前髪に折れ目がつかないように気をつける。

STEP 3 コームでとかす

②でゆるく巻いた前髪を整えるために、一度コームでとかす。

STEP 4 ハードスプレーを吹きかける

USE IT

ケープ FOR ACTIVE 無香料　180g　454円（編集部調べ）／花王
パリパリさせずにニュアンスをそのままキープ。動き、汗、皮脂、スタイリング剤の油分にも耐える、ケープ史上最強のキープ力を誇るスプレー。

顔から30cmほど離して、根元を中心にハードスプレーを吹きかける。顔にかからないように、手でおおって。おでこにかかるのが気になるようなら紙などをはさんでもOK。

STEP 5 コームにもハードスプレーを

コームにハードスプレーを吹きかける。

STEP 6 ハードスプレーを吹きかけたコームでとかす

⑤のコームで前髪をとかす。前髪の毛流れに沿ってハードスプレーが定着するので、より長モチする。

HOW TO MAKE
IDOL
HAIR

誰でも一瞬で小顔になれる!! 触覚ヘアのつくり方

STEP 1 サイドの髪を出す

サイドの髪を少し短めにカットしておく。ほお骨下からあごあたりの好みの長さで、量は多すぎないほうが今っぽくなる。

STEP 2 ストレートアイロンで外側にカールを

細めのストレートアイロンで、サイドの髪を軽く外側に巻く。カーブがつきすぎないようにする。

STEP 3 指にハードスプレーをつける

親指と人さし指でハードスプレーの吹き出し口をはさんで、吹きかける。

USE IT

ケープ FOR ACTIVE 無香料 180g 454円（編集部調べ）／花王

STEP 4 指で毛流れ調整

③の指でサイドの髪の流れを整える。

STEP 5 ほお骨の外側に固定

②でゆるく巻いたサイドの髪の毛先に前髪グルーをつけて、ほお骨の外側あたりに固定する。

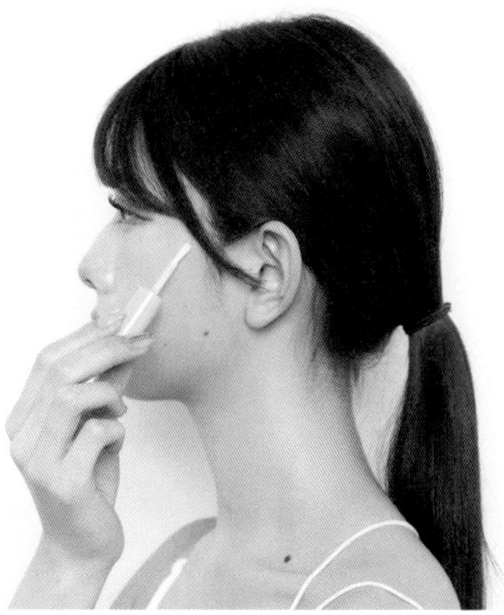

USE IT

マトメージュ 前髪グルー　1,100円／ウテナ　おでこに塗って前髪をはりつけるだけで、理想の前髪スタイルを固めずキープする前髪用スタイリンググルー。前髪の浮きや割れを防ぎ、汗や皮脂でもくずれにくい。

STEP 6 ヘアシャドウでおでこを狭く見せる

髪が薄くなっている部分をヘアシャドウで隠していく。おでこを丸く見せたり、余白をなくしたりすることで、顔が小さく見える。

USE IT

フジコdekoシャドウ　1,815円／かならぼ　おでこのすき間や生えぎわに塗るだけ。簡単でバレずに自然な小顔を実現。汗や皮脂でも落ちにくいドライパウダー採用で、気になる生えぎわの薄毛もしっかりカバー。

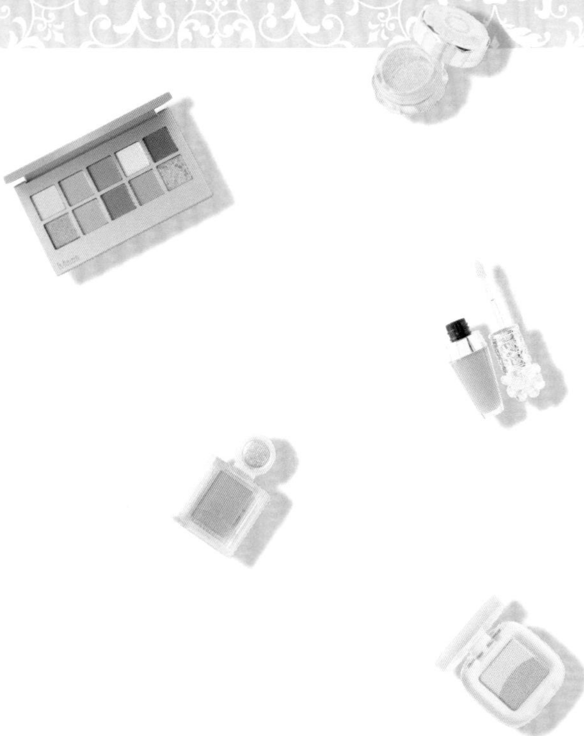

アイドルにおけるメンカラとは、
メンバーカラーのこと。
それぞれに設定された
イメージカラーがあります。

レッド、ブルー、イエロー、グリーン、パープル、
ピンク、オレンジ、ブラック、ホワイト。
メンカラでメイクを楽しみながら、新たな魅力を発見して！

Chapter

4

推しメイクに使いたいメンカラコスメ

推し活するときはメンカラコスメで

Makeup!

たとえば、ライブやイベント、聖地巡礼、オフ会。
いつものメイクに推しのメンカラを取り入れるだけでも
立派なアイドルメイクです。
ただの自己満足かもしれないけれど
推しのメンカラで顔を彩るだけで、気分が上がったりします。
メイクは気分を変える魔法！
あなたの推しのメンバーカラーは何色ですか？

MEMBER COLOR COSME

メンカラ

RED

リップだけじゃない！ メイクに血色感を足してワンランク上のモテ顔にしてくれるカラー

高発色で目を大きく見せられるリキッドアイライナー

汗・水・涙に強くにじみにくいウォータープルーフアイライナー。手ブレ吸収ブラシで極細ラインを描きやすい。粘膜に近いバーガンディカラーを入れることによって、目の幅が広がった印象になり、目を大きく見せることができる。　メイベリン ウルトラカラー アイライナー BU-1 バーガンディ 1,749円／メイベリンニューヨーク

くすみレッドのマスカラであたたかい印象の目元に

汗・水・皮脂に強くにじみにくいウォータープルーフマスカラ。塗った瞬間に乾いて上向きカールを一日中キープ。渋みのある赤が目元に深みを出してくれる。　キス ラスティング カールマスカラ 51 DRY ROSE 1,430円／KISSME（伊勢半）

大人かわいい赤のアイシャドウと言ったらコレ！

粒子が細かく、つけ心地が軽く、しっとりとした"生質感"のあるアイシャドウ。重ねて塗っても粉っぽくならず、キレイに色がなじむ。5色のうち真ん中のマットな赤は特に発色が◎。ポイントメイクに使ってみて！　ディオールショウ サンク クルール 879 ルージュ トラファルガー 9,130円／ディオール（パルファン・クリスチャン・ディオール）

メンカラ
BLUE

目元に足すと白目をキレイに見せてくれる、クリアな洗練カラー

ポイント アイメイクがオススメ

キラキラ輝くグリッターが深みと立体感を生み出す高発色のネイビーカラーアイシャドウ。パウダータイプでもしっとりとして、まぶたへの密着力も◎。ブラシを使ってアイラインのように引いて、ちょっぴりモードなアイメイクをつくるのが夢月のオススメ。シークインクラッシュ No.8 Louder Blue 4,840円(販売終了品)／イヴ・サンローラン・ボーテ

ネイビーライナーで 大人っぽく 上品な目元に

リキッドのような濃厚発色を実現した、繊細なラインを正確に描けるアイライナー。深みのあるネイビーは光の関係で白目をキレイに、黒目を大きく見せてくれる。　SHISEIDO マイクロライナーインク 04 Navy 3,850円／ SHISEIDO

青すぎないネイビーで ナチュラルまつ毛に

水・汗・皮脂に強いにもかかわらず、お湯で簡単に落とせるフィルムタイプのカラーマスカラ。コンパクトなブラシがどんな目の形にもフィット。ブルーに寄りすぎないさりげないネイビーで、目元に透明感を生みつつ目力を出してくれる。インラプチュア ラッシュ 01 ネイビー　4,180円／セルヴォーク

メンカラ

YELLOW

さりげなく取り入れると今っぽい顔にしてくれる、ヘルシーカラー

カラーメイク初心者でも使いやすい

誰でもイエローを簡単にかわいくオシャレに取り入れることのできるアイシャドウパレット。発色もよく色もキレイなので、目元がパッと鮮やかに。アディクション　ザ アイシャドウ パレット 007 Hidden Copper　6,820円／ADDICTION BEAUTY

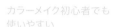

イエロー×グレーであか抜ける

肌にしっとりなじみ、うるんだようなツヤ感とやわらかな光沢を実現した2カラーのアイシャドウ。淡いイエローとグレーの組み合わせで目元をグッと印象的に。重ねることで色みを自分好みにカスタマイズできる。トーン ペタル フロート アイシャドウ 11 Citrus Scent　2,420円／トーン

唇をほんのりナチュラルに染め上げる

赤みを帯びたイエローで、浮かずに素の唇の血色や質感を生かすリップバーム。単色で使うとオシャレで今っぽく、ほかのリップと合わせて使うと、ニュアンスチェンジも楽しめる。アラウズ リップス 02 Mustard　3,960円（セット価格）／セルヴォーク

メンカラ

GREEN

取り入れるだけでオシャレ感を演出してくれるスタイリッシュカラー

普段のアイメイクに重ねる ニュアンスカラーにもピッタリ

肌なじみのよいさわやかなライムグリーンのアイシャドウ。目元を明るく見せてくれる。目頭に置くのもオススメ。トーン ペタル アイシャドウ 06 ライムグリーン 2,420円／トーン

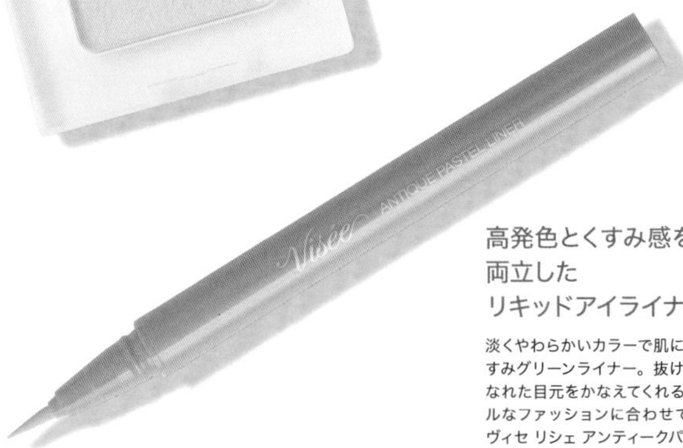

高発色とくすみ感を 両立した リキッドアイライナー

淡くやわらかいカラーで肌になじむ、くすみグリーンライナー。抜け感のあるこなれた目元をかなえてくれる。カジュアルなファッションに合わせて使いたい。ヴィセ リシェ アンティークパステル ライナー GR780 アンティークライム　1,100円（編集部調べ）／ヴィセ（コーセー）

コレさえあれば 目元はバッチリ

10カラーをとりそろえ、何通りものメイクパターンがかなうアイシャドウパレット。グリーンをアイラインなどのポイントメイクで生かすのがオススメ。ニューデップスアイシャドウパレット 03 LIKE A SCENE 4,290円／ hince

メンカラ

PURPLE

透明感カラー No.1！ ベースメイク以外にも取り入れて上品儚げレディに

ほどよい大きさの
ラメが星くずのように輝く

角度で変わるキラキラ感のある多色ラメ×さまざまな大きさのグリッター。涼やかなパープルラメもしっかり肌に密着して、涙袋などねらった部分にもピンポイントで使いやすく、アイドルメイクに大活躍。リリミュウ　ピックミーアイズグリッター 04 チャームミー　1,540円／Ririmew（コージー本舗）

パープルブロウで
個性が光る

パープルカラーを基調にしたクリーム&パウダーの眉デザイニングコンパクト。眉を深みのあるパープルで彩ることで、オリジナリティあふれる眉に。ファッションや髪色に合わせるとワンランク上の印象に。アナ スイ アイブロウ コンパクト 05 モードなチャコール　4,950円／アナ スイ コスメティックス

透明感がハンパない
パープルチーク

ほんのり淡いパープルカラーのクリームチーク。しっとりツヤ感が出て、透明感あふれる血色のよさを演出できる。ほおの赤みをやわらげてくれる効果も。 クリーム ブラッシュ PU150　3,850円／コスメデコルテ

メンカラ

PINK

甘いかわいさもやさしいあたたかみもある、ラブリーなアイドル万能カラー

絶対的万人受け モテリップ

スイートピーのように淡く透明感のあるピンクのグロス。控えめ発色でも、ふっくらハリのある仕上がりに。TPOを選ばず使えるのもうれしい。クリスタルブルーム　リップブーケ セラム 02 sweet pea pink　3,740円／ジルスチュアート　ビューティ

ピンクのパール&ラメで あざとかわいい透明感

ピンクがクリアにきらめくパウダーアイシャドウ。大きめのパールやラメを高配合し、肌への密着度も◎。夢月的には「ピンクコスメと言えばずっとコレ」というほどのヘビーユーズコスメ。アディクション　ザ アイシャドウ スパークル 013SP Miss You More　2,200円／ADDICTION BEAUTY

夢月がデイリーメイクで 超愛用しているアイシャドウ

鮮やかな発色と深みのある仕上がりで人気のアイシャドウ。繊細なバラの花びらをイメージしたピンク・プラム・ブラウンのソフトなハーモニー。ピンクが主役なのに大人っぽくオシャレにまとまる。オンブル ジェ NO.530 MAJESTIC ROSE　10,340円／ゲラン

メンカラ
ORANGE

フレッシュでジューシーな、多幸感あふれるカラー。誰でもHAPPYフェイスに！

夢月的
No.1オレンジチーク

名前のとおり赤肉メロンのような白みオレンジカラーのパウダリーチーク。独自製法のしっとりとしたテクスチャーで、発色もよく、ほおに溶け込むようにピュアな彩りを与える。チーク ポップ 08 メロンポップ　4,180円／クリニーク

鮮やかに発色し、
奥行きのある目元に

思いのままにカスタマイズできるフォルム整形アイシャドウ。シルバーラメ入りのサーモンオレンジがまばゆく発色し、光の効果で目元が立体的に。ブルベさんでも使いやすい！　マジョリカ マジョルカ シャドーカスタマイズ OR481 マリー　550円／資生堂

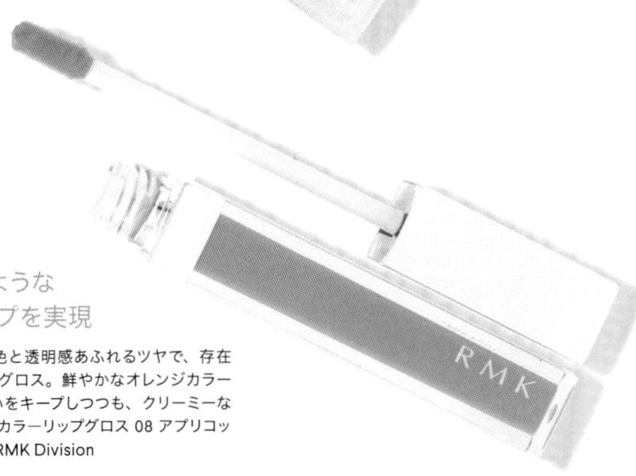

果汁があふれるような
ぷるんとしたリップを実現

口紅のような華やかな発色と透明感あふれるツヤで、存在感のある唇をつくるリップグロス。鮮やかなオレンジカラーで、血色感をプラス。潤いをキープしつつも、クリーミーなのに軽いつけ心地。RMK カラーリップグロス 08 アプリコットフラッシュ　2,420円／ RMK Division

メンカラ

BLACK

マスカラ以外に使うとぐっと深みが出て、モード顔になれるポイントカラー

ブラック×ブラウンの考え抜かれたハイブリッドバランス

フローフシはブラックへのこだわりがすごい！　ブラックが出してくれる目力とブラウンのやわらかさをいいとこ取りしたアイライナー。大和匠筆を使用し、色素沈着しない革新の染料フリー。ぬるま湯で簡単にオフできる。EYE OPENING LINER BROWN BLACK　1,694円／ウズ バイ フローフシ

漆黒からバラ色にチェンジするチーク

見た目はブラックでも、つけると紫がかった赤色に変化。ほかにはない個性的なティントタイプのチーク。肌の水分に反応したときに初めて変色するマジックのようなアイテムで、自分だけのチークメイクを楽しめる。アナ スイ スイ ブラック クリーム ブラッシュ　3,850円／アナ スイ コスメティックス

クールでカッコいいスモーキーアイに変身！

細かくクリーミーなパウダーで、長時間続く鮮やかな発色に導くアイシャドウパレット。真ん中のブラックをアイライナーがわりにぼかしながら引くと、おしゃれなスモーキーアイに。ディオールショウ サンク クルール 073 ピエ・ド・プール 9,130円／ディオール（パルファン・クリスチャン・ディオール）

メンカラ

WHITE

誰でも簡単に取り入れられる、ピュアなキラキラ感はこのカラーならでは！

大粒ラメと小粒ラメの組み合わせでアイドルメイクを底上げ

角度で変わるキラキラ感のある多色ラメ×さまざまな大きさのグリッター。ホワイトベースのグリッターは、夢月のアイドルメイクでも多用するマストアイテム。リリミュウ　ピックミーアイズグリッター　01　ブライトミー　1,540円／Ririmew（コージー本舗）

MEMBER COLOR COSME

まばゆい輝きのパールやラメをぜいたくに配合

目がくらむほどのきらめきで肌に溶け込むヌードベージュのジュリーアイカラー。ぷるんとした質感でみずみずしく、まぶたにしっとりなめらかにフィット。つけたての美しさと潤い感が長時間持続。ジュリーアイカラー　02 nude dazzle　2,420円／ジルスチュアート　ビューティ

まぶたにグロッシーなクリスタル感を演出

濁りのない透明ベースのアイグロス。アクセントとして質感を遊んで楽しめる。しっとりとぬれたようなツヤで、グロッシーな目元に。アイメイクのベースやハイライトに使うとピュア度を上げてくれる。アナ スイ アクセント カラー 001 グロッシー　3,850円／アナ スイ コスメティックス

メンカラ

EYELINER

メンカラはもちろん、気分やシーンで使い分けしやすいのがアイライナー。
筆職人が監修した描きやすい筆で、涙・汗・皮脂・こすれに強く、にじみにくいウォータープルーフと
こすらずお湯オフできるスマッジプルーフ処方、まつ毛美容成分を配合した
3650 アイライナーは全10色あります。

黒だと強すぎて、ブラウンでは物足りない方に。ぬくもりとりりしさを兼ね備えた目元に。3650 アイライナー　Brown Black　1,650円／D-Neeコスメティック

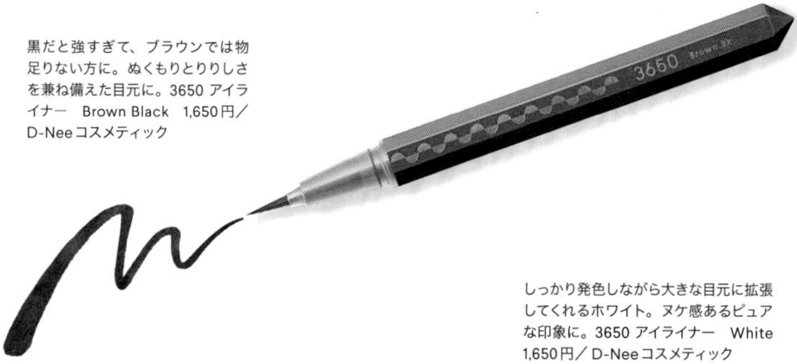

しっかり発色しながら大きな目元に拡張してくれるホワイト。ヌケ感あるピュアな印象に。3650 アイライナー　White　1,650円／D-Neeコスメティック

肌なじみがよく、こびずに目元を締めるヌケ感プラス上品な印象に仕上がるカーキ。3650 アイライナー　Khaki　1,650円／D-Neeコスメティック

涙袋やハイライトに洗練されたパールを。愛らしく、うるんだ瞳を引き出すパールピンク。3650 アイライナー　Pearl Pink 1,650円／D-Neeコスメティック

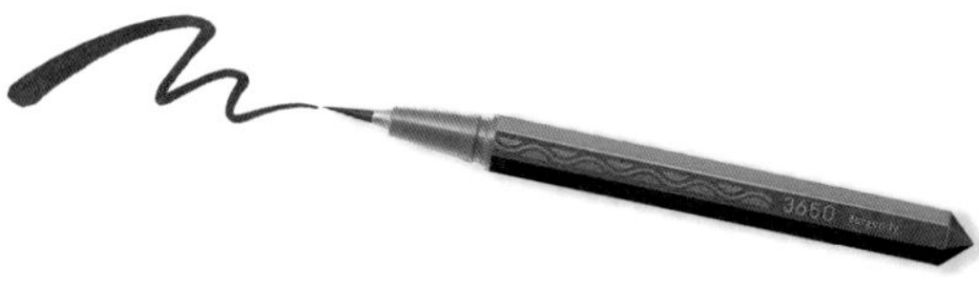

ほどよく深みのある赤が自然な血色感を与え、儚げな目元を演出するバーガンディ。3650 アイライナー　Burgundy 1,650円／D-Neeコスメティック

SHOP LIST

ボーラお客さま相談室
0120-117-111

ボビイ ブラウン
0570-003-770

ミシャジャパン
0120-348-154

M·A·C
(メイクアップ アート コスメティックス)
0570-003-770

メイクアップフォーエバー
03-3263-9321

メイベリン ニューヨーク お客様相談室
03-6911-8585

レブロン
0120-803-117

ロージーローザ
0120-25-3001

ロムアンド (韓国高麗人参社)
03-6279-3606

color contact lens

アイセイ
0120-579-570

Lcode
06-6244-0887

クイーンアイズ
0120-918-459

スウィート
06-6265-8178

T-Garden
0120-112-304

PIA
0120-523-823

fashion

épine
epine.am@gmail.com

Treat ürself
080-7539-0051

BONNE
bonne.2am@gmail.com

クリニーク お客様相談室
0570-003-770

ゲランお客様窓口
0120-140-677

コージー本舗
03-3842-0226

コーセー
0120-526-311

コスメデコルテ
0120-763-325

ザ セム (コーワ商事)
06-6632-8923

資生堂お客さま窓口
0120-81-4710

SHISEIDOお客さま窓口
0120-587-289

ジルスチュアート　ビューティ
0120-878-652

Style by Aiahn (バイ&リース)
06-4708-7144

セザンヌ化粧品
0120-55-8515

セルヴォーク
03-5774-5565

ディー・アップ
03-3479-8031

D-Neeコスメティック
0120-872-248

トーン
03-5774-5565

常盤薬品工業　お客さま相談室
0120-081-937

NARS JAPAN
0120-356-686

パルファム ジバンシイ
[LVMHフレグランスブランズ]
03-3264-3941

パルファン・クリスチャン・ディオール
03-3239-0618

BCLお客様相談室
0120-303-820

BeautiTopping 公式 Qoo10店
https://www.qoo10.jp/shop/beauti_topping

hinceカスタマーセンター
https://hince.jp/

PLAZA カスタマーサービス室
0120-941-123

cosmetics

RMK Division
0120-988-271

ADDICTION BEAUTY
0120-586-683

アナ スイ コスメティックス
0120-735-559

アルマーニ ビューティ
0120-292-999

アンシブラシ
080-4656-1015

イヴ・サンローラン・ボーテ
0120-526-333

伊勢半
03-3262-3123

井田ラボラトリーズ
0120-44-1184

イプサお客さま窓口
0120-523-543

イミュ
0120-371-367

ウズ バイ フローフシ
0120-963-277

ウテナお客様相談室
https://www.utena.co.jp/contact/

エチュード
0120-964-968

エトヴォス
0120-0477-80

エフエムジー & ミッション
0120-100-201

オルビス
0120-010-010

花王
0120-165-692

かならぼ
0120-91-3836

カネボウインターナショナルDiv.
0120-518-520

カネボウ化粧品
0120-518-520

COLORKEY OFFICIAL Qoo10店
https://www.qoo10.jp/shop/COLORKEY

キューティス
0120-005-236

グッズマン
075-353-1778

クリオ
https://cliocosmetic.jp

※掲載されている商品はすべて税込み価格です。　※表記のないものは夢月もしくはスタイリスト私物です。
※掲載情報は2023年9月時点のもので、生産・販売状況などは変更になっている場合があります。

EPILOGUE

これまでにたくさんのアイドルの
メイクを担当してきましたが、
今もまだ発見と研究の連続です。
なぜなら、なによりも
「その子がいちばんかわいく見える」
メイクをすることが最優先だから。
そんな発見と研究の日々のなか、
生まれたのがこの本です。

すべてを詰め込んだら、
簡単にかわいくなれるとはかけ離れた、
鬼のプロセス数の本になってしまいました(笑)。
ですがきっと、この本を熟読してくださるのは、
私と同じ研究熱心な方だけだろう！と思います。
このアイドルメイク本、
いや、夢月流スパルタアイドルメイク本で
「いつもより盛れる！」がかないますように。

Profile

夢月

ヘアメイクアップアーティスト

Three PEACE所属。YouTubeでアイドル担当メイクと自称するほど、アイドルメイクの神としてアイドルから指名されることも多い。「ナチュラルだけど盛れてる」「ナチュラルなのに誰でも可愛く見える」メイクを追求。SNSで紹介したコスメは、大バズリ＆売れ売れになるなど、インフルエンサーとしても大きな影響力をもつ。趣味はスイーツ巡りで、年間数十万円を使う。チョコレート好きが高じて、有名ショコラトリーとのコラボショコラの販売やスイーツメディアでの連載も。

@_dreaMoon__

@dreamoon_hm

夢月メイクチャンネル
https://www.youtube.com/channel/UCgiFFbDXyKRDinm-Ms6WAnQ

STAFF

装丁・本文デザイン　高山圭輔
撮影　榊原裕一（人物、静物）、柴田和宣（静物／主婦の友社）
モデル　千葉恵里（充s/AKB48）、今木風歌（サトルジャパン・プロモーション）、
　　穂紫朋子（ギローチェマネジメント）、増澤璃凜子（tos-s）、曽我部春華
スタイリスト　大山諒子
校正　荒川照実
構成・取材・文　高田晶子
取材協力　大島芳香（Three PEACE）
編集担当　浅見悦子、小川 唯（主婦の友社）

才的にかわいく盛れる！アイドルメイクの教科書

5年11月20日　第1刷発行

夢月
者　平野健一
所　株式会社主婦の友社
〒141-0021
東京都品川区上大崎3-1-1目黒セントラルスクエア
電話03-5280-7537（内容・不良品等のお問い合わせ）
　　049-259-1236（販売）
大日本印刷株式会社

78-4-07-454586-5